자기 마음의
주인으로 살고 있는가

자기 마음의
주인으로 살고 있는가

하승현 지음

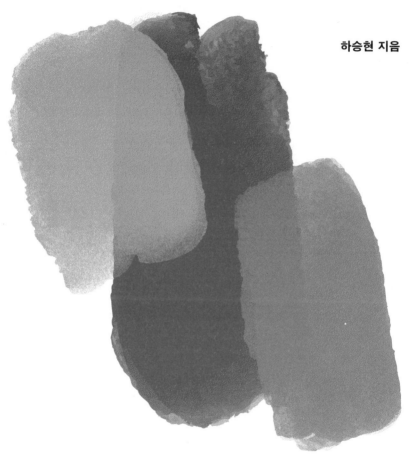

기울어진 삶의 중심축을 다시 세우는
동양 고전의 말들

생각지도

삶이라는 출렁다리 위에서
중심을 잃지 않으려면

서른이 지날 때에도, 마흔이 지날 때에도 별 감회가 없었다. 어제 같은 오늘과, 오늘 같은 내일이 계속 이어질 것이라고 생각했고, 나이의 앞자리 숫자가 바뀌는 것에 특별히 의미를 부여하지 않았다. 사실 주어진 삶의 과제들을 수행하느라 가만히 삶을 들여다볼 여유도 없었다.

쉰이 지났을 때는 느낌이 달랐다. 머리가 세기 시작했고, 눈 밑과 입가에 주름이 생기기 시작했다. 부모님 세대의 어른들이 한 분 한 분 돌아가시고, 친한 친구가 먼저 이 세상을 떠나기도 했다. 멀리 있던 죽음이란 단어가 나의 옆자리로 가만히 옮겨와 앉았다. 작은 꽃 하나, 가는 바람 한 줄기도 애틋하게 느껴지기 시작했다. 내 삶의 계절도 이젠 가을로 접어들었음을 실감했다. 살아온 시간들을 되돌아보았다. 어떻게 살아야 할까 하는 물음이 새삼 다시 떠올랐다.

스무 살 여름에 처음 《논어》를 읽었다. 그때의 느낌은 한마디로 '이거다' 싶었다. 마음의 고향에 가닿는 느낌이었고, 이 방향으로 가면 삶이 흔들리지 않을 수 있을 것만 같았다. 고전 읽기를 좋아해 비교적 일찍 진로를 잡았고, 학업이 생업으로 이어져 현재 한국고전번역원 책임연구원으로 근무하고 있다. 그러나 《논어》를 처음 읽었을 때의 믿음만큼 내 일과 삶에 흔들림이 없지는 않았다. 목표치는 늘 내 역량보다 높아 쫓기듯 사는 삶을 피하기 어려웠고, 흔들리는 상황과 관계 속에서 중심을 잡기 위해 쩔쩔매는 일이 많았다. 어떨 때는 전혀 생각지도 않은 일이 생겨 깊은 우울에 빠지기도 하였다. 출렁다리 위에서 균형을 잡는 일에 나는 아직 서툴렀다.

인간관계에서 민감해져야 할지 둔감해져야 할지 헷갈렸고, 몰려드는 일 앞에서 어떻게든 해내야 할지 끊어내고 쉬어야 할지도 망설여졌다. 생각도 다 달라 내가 상식이라 생각한 것이 남에게도 상식으로 통하는 것은 아니었다. 내 마음 안에서 이럴까 저럴까 하는 생각들이 서로 팽팽하게 줄다리기를 하기도 했다. 그저 '이 또한 지나가리라' 하며 버티며 지내는 시간을 보내고 있었다. 이제야 내가 인생에서 풋내기였음을 깨달은 것이다. 변화가 필요한 시점이었다.

이 무렵 출판사로부터 한 통의 메일이 도착했다. 한국고전번역원 고전 대중화 사업에 참여해 이런저런 글도 쓰고 책도 내고 했는데, 이를 보고 연락을 해온 것이다. 출판사 대표는 중년을 맞이한 사람들이 읽고 공감할 수 있는 고전 대중화 도서를 써보면 어떻겠냐고 제안했다. '가만히 있지 말고 힘을 내서 움직여 봐' 하는 마음의 소리가 들려왔다. 내 삶의 기울어진 중심축을 내가 읽어온 고전을 통해 다시 일으키는 좋은 계기가 될 것 같았다. 요청을 수락했다.

약속을 한 후, 휴일이면 고전 속 글들을 다시 눈여겨보기 시작했다. 일로서가 아니라 내 삶의 멘토로서 선인들의 고전을 다시 찾았다. 한문으로 된 우리 고전을 검색할 수 있는 한국고전종합DB를 도서관 삼아 조선 시대 문집과 역사서에 실린 다양한 주제와 문체의 작품을 열람했다. 그러면서 한 인간이 살아가면서 거치는 정신적 성숙 과정은 본질적으로 닮아 있음을 다시 한번 확인했다. 시대는 달라도 선인들이 흔들림 속에서 중심을 잡기 위해 치열하게 노력한 모습들은 내 삶을 점검하고 치유하는 좋은 약방문이 되었다.

이 책은 5부로 이루어져 있다. 마음을 다스리고, 자신을 갈고 닦는 학문에 힘쓰고, 건강한 인간관계를 유지하고, 나쁜 습관을 끊고, 일상을 평화롭게 유지하는 것과 관련된 글 55편을 수록하였다. 작품마다 관련 있는 동양 고전의 내용을 소개하고, 초심을 되찾아 삶을 다시 정비하고 가려는 나의 다짐도 덧붙였다. 글을 쓰는 동안 나의 마음도 많이 정리가 되었다. 마음을 다스리는 것이 내 삶의 중심축을 세우는 기본이 됨을 명심했고, 학문을 하는 것이 삶에 동력을 불어넣음을 확인했다. 건강한 인간관계가 삶에 미치는 영향을 생각하며 내 주변의 관계를 돌아보기도 했고, 습관이 인생의 성패를 좌우한다는 말에 수긍하며 생활을 점검하기도 하였다. 무엇보다도 자기 삶의 중심축을 바로 세우기 위해 일상 속 시간들을 어떻게 꾸려가는 것이 좋을지에 대해 많이 생각하고 생활에 변화를 주었다. 내가 이 책을 엮으며 힘을 얻은 것처럼 이 책을 읽는 독자들도 자신의 삶을 다시 바라보고 새로운 방향을 잡는 힘을 얻기를 바란다.

작품을 소개하고 해설하면서 개인적인 감정과 경험보다는 작품을 읽으면서 드는 생각들을 담담하게 적었다. 행간에 있는 이런저런 경험들은 독자가 각자 겪어온 상황을 떠올리며 채워주기를 바란다. 더러 가르치는 말투의 문장이 있더라도 양해해주기를 바란다. 이는 선인들의 가르침을 나 자신에게 다짐하는 말이지, 내가 독자에게 이래라저래라 가르치는 말이 아니다. 여전히 출렁다리 위에서 중심을 잡으려 안간힘을 쓰는 내가 누구를 가르칠 수 있겠는가?

앞으로도 나는 삶에 여러 질문을 던지며 계속해서 길을 모색해나갈 수밖에 없다. 그 질문의 중심에는 항상 '자기 마음의 주인으로 살고 있는가'가 있을 것이다. 이때 자기 마음의 주인이 되기 위해 치열하게 노력해온 선인들의 통찰은 나에게 나침반이 되어줄 것이다. 고전이라는 뒷배를 믿고 내 삶의 가을 여행을 다시 시작할 것이다.

2025년 새해를 맞으며
하승현

차례

마음이 바람에
휘청이지 않도록

잡념을 거두고 마음의 본원으로 돌아가라

2장

한 걸음이라도 더 나은

사람이 되는 방향으로

미혹을 돌이켜 생각을 바로 세워라

3장

적당한 거리를 두어야

중심이 잡힌다

다른 사람으로부터 나를 지킨다는 것

4장

변화하고 끊어내야

휘둘리지 않으니

새 심지에 새 불을 붙여라

어떤 사람이 되느냐는
오직 나에게 달려 있지,
남에게 달려 있지 않다.

1장

마음이 바람에
휘청이지 않도록

잡념을 거두고 마음의 본원으로 돌아가라

군자의 하늘은 하나,
소인의 하늘은 천만 개라네

군자건 소인이건

오직 이 하늘을 받드네.

군자는 영원토록 변함없는 한 하늘을 받들지만

소인의 하늘은 천만 개라서

하나하나 그 하늘을 제 마음대로 쓰려 하네.

제 마음대로 쓰려 해도 끝내 그리 못하니

이젠 도리어 하늘을 속이려 하네.

그 하늘을 속이려 해도 하늘이 속지 않으면

도리어 하늘을 원망한다네.

군자의 하늘은 무심하고

군자의 하늘은 지극히 공정하네.

곤궁해도 그 하늘을 잃지 않으며

현달해도 그 하늘을 어기지 않네.
잠시라도 하늘을 떠나지 않아야
하늘을 섬길 수 있는 것이네.
하늘의 명을 따르고 공경하여
생사를 오직 하늘에 맡기네.
나의 하늘을 즐길 수 있게 되면
남과 함께 하늘을 즐기게 되리.

君子與小人, 所戴惟此天. 君子又君子, 萬古同一天.
小人千萬天, 一一私其天. 欲私竟不得, 反欲欺其天.
欺天天不欺, 仰天還怨天. 無心君子天, 至公君子天.
窮不失其天, 達不違其天. 斯須不離天, 所以能事天.
聽之又敬之, 生死惟其天. 旣能樂我天, 與人同樂天.

송익필,《구봉집》,〈천〉

하늘은 무엇일까요? 하늘은 구름이 흘러가거나 천둥이 치는, 저 높이 있는 어떤 공간만을 가리키지 않습니다. 하늘은 모든 존재의 본질이자 역동적인 변화의 주체입니다. 우주 운행의 원리를 담은《주역周易》에서도 하늘의 운행을 힘찬 것으로 보았습니다. 인간 안에도 하늘이 있습니다. 이 하늘을 어떻게 대하느냐에 따라 어떤 사람인지가 결정됩니다.

조선 중기 학자 송익필宋翼弼(1534~1599)의 《구봉집龜峯集》에 실린 〈천天〉에서는 '하늘'에 대해 이야기하고 있습니다. 그는 사람마다 하늘을 대하는 태도가 다르다고 보고, 하늘과 나와의 관계가 어떠하냐에 따라 군자와 소인이 나뉜다고 보았습니다.

군자는 고요한 내 마음에서 들려오는 소리를 따르고, 하늘을 섬기고, 즐깁니다. 하늘을 굳이 내 것으로 만들려 하지 않고, 하늘을 속이려고 하지도 않습니다. 곤궁할 때에도 하늘을 원망하지 않고, 잘나갈 때에도 하늘의 뜻을 따릅니다. 하늘의 본질은 어디에도 치우치지 않는 보편성과 거짓으로 움직이지 않는 진실성을 가지고 있다는 것을 잘 알기 때문에, 그저 하늘의 소리에 귀 기울이고 그에 따라 움직일 수밖에 없습니다.

하지만 소인은 그렇지 않습니다. 시끄러운 자기 소리를 듣기에 바빠 하늘의 소리를 듣지 못합니다. 진실한 마음에서 들려오는 소리에 귀 기울이지 못하다 보니 하늘을 자신과 동떨어져 있는 어떤 대상이라고 여깁니다. 자기의 이익을 얻고자 하늘을 향해 무언가를 원하고, 그것이 뜻대로 되지 않으면 내 편을 들어주지 않는 하늘을 원망하고 더 나아가 하늘을 저버리고 마음대로 삽니다.

하늘은 쓰면 뱉고 달면 삼키는 대상이 아닙니다. 곤궁할 때 하늘이 어려움을 주신 뜻을 생각하고, 잘나갈 때에도 하늘이 힘을 실어준 의도를 헤아려야 합니다. 이 일을 잘할 수 있다면 바뀌는 상황 속에서 일희일비하지 않을 수 있을 것입니다.

《논어論語》〈위정爲政〉에 "나는 오십에 천명天命을 알았다"라는 공자의 말이 나옵니다. 오십은 하늘의 명을 아는 나이입니다. 오십에 가까워진 나이든 오십을 넘어선 나이든 우리는 이만큼 살아오는 동안 모두 저마다의 하늘을 갖게 되었습니다. 이젠 그 하늘이 어떤 하늘인지를 살펴보아야 합니다.

하늘의 명을 안다는 것은 하늘과 나와의 관계를 알고 하늘의 뜻에 따라 사는 것을 말합니다. 내가 하늘의 뜻을 알고 즐길 수 있고 나 자신뿐만 아니라 타인, 다른 생명들과 조화를 이루어 하늘의 뜻을 구현할 수 있다면 천명을 아는 것입니다. 그러나 내면의 소리를 듣지 않으면서 끊임없이 자기만의 욕심을 채우려 한다면 이는 천명을 모르는 것입니다.

마음에 지닌 하늘의 크기에 따라 군자와 소인이 나뉩니다. 누구는 큰 마음을 먹어 군자가 되지만, 누구는 작은 마음을 먹어 소인이 됩니다. 남은 인생 하늘처럼 쉬지 않고 노력하여 끝내 소인이 되고 마는 일은 면해야겠습니다.

거울보다 밝고
물보다 맑은 것이 있으니

거울에 때가 끼어 밝지 않아도

원래 밝지 않은 것이 아니니

때를 제거하면 다시금 밝아지네.

물이 흐려져 맑지 않아도

원래 맑지 않은 것이 아니니

흐린 것을 정화하면 다시금 맑아지네.

너의 때를 제거하고

너의 흐림을 정화하면

거울보다 밝고 물보다 맑아지리니,

본연의 상태를 회복하여 참모습을 온전히 하라.

鏡垢不明, 未嘗無明, 垢去則明.

水渾不淸, 未嘗無淸, 渾澄則淸.

去而之垢, 澄而之渾, 則有明於鏡而淸於水者, 復其天而
全其眞乎!

장유, 《계곡집》, 〈소잠〉

나름 열심히 살아온 것 같은데 문득 뒤돌아보면 후회되는 순
간들이 떠오르기도 하고, 잘 살고 있는 걸까 회의감이 들 때
도 많습니다. 회의감이 드는 원인을 찾아보니, 무언가 좋아
서 하는 일보다 해야 돼서 어쩔 수 없이 하는 일이 많아서인
것 같습니다. 편하고 좋은 사람만이 아니라 불편한 사람도
보아야 하고, 이건 아니지 싶은 일도 그냥 보아 넘겨야 하는
무력한 상황도 겪다 보니 그런 듯합니다. 그렇게 조금씩 일
과 관계에 지쳐가면서 현실과 타협하며 끌려다니는 사이, 마
음의 생기를 잃어버린 느낌입니다.

　　조선 시대 문신 장유張維(1587~1638)의 《계곡집谿谷集》에
실린 〈소잠小箴〉에서는 '밝은 것'을 우리 마음의 본래 상태로
보았습니다. 그래서 마음이 흐려지는 순간마다 본연의 참모
습을 회복하라고 말하고 있습니다. 이 말은 《대학장구大學章句》
경經 1장에, "대학의 도는 밝은 덕을 밝히는 데 있으며, 백성

을 새롭게 하는 데 있으며, 지선至善의 경지에 머무르는 데에 있다"라는 구절에서 왔습니다.

사람들은 고치기 어려운 속성을 얘기할 때 "난 원래 이 래"라고 말합니다. 원래보다 강한 것은 없으니 고칠 수 없다는 말이고, 그러니 고치려 하지 말자는 뜻입니다. 그대로 있어서 나도 남도 괜찮으면 모르겠는데, 그 원래 모습을 지키려다 보니 나도 남도 힘든 게 문제입니다. 원래도 아닌 것에 '원래'라는 말을 붙이면 변화가 설 자리가 없습니다.

변화가 필요하다면 먼저 '원래'라는 지점을 바르게 설정할 필요가 있는데, 대학에서는 그 지점을 '밝은 것'이라고 하였습니다. 우리가 가야 할 지점을 밝은 것으로 정해두어야 어려운 현실 속에서도 밝은 면을 바라보고 갈 수 있습니다. 그래야 조금씩 잃어버린 생기를 되찾을 수 있고 삶을 온전히 꾸려갈 수 있습니다.

그런데 그 지점은 또 먼 곳에 있지 않고 지금 이 자리에 있습니다. 그러니 그저 본래 상태가 아닌 것을 본래 상태로 돌리면 됩니다. 낯설고 새로운 것을 애써 만드는 것이 아니라 본래의 밝은 덕을 회복하기만 하면 됩니다. 이는 어렵다면 어렵지만 쉽다면 쉽습니다.

내가 만든 거울의 때를 내가 닦고, 내가 휘저어 만든 흙탕물을 내가 가라앉히기만 하면 되니, 본래 상태에서 너무 멀어진 건 아닐까, 다시는 예전의 나로 돌아가지 못할까 걱정할 것이 없습니다. 본래의 밝은 나, 변치 않는 맑은 나는 다행히도 늘 제자리에서 그대로 빛나고 있습니다. 번잡한 생각을 가라앉히면 지금 이 자리에서 바로 빛나는 나를 볼 수 있습니다.

우리 모두는 원래 밝고 맑습니다. 진짜 원래의 나를 찾고, 새로워진 밝고 맑은 나로 주변 사람과 더불어 밝고 맑은 세상을 만들면 모두가 지극히 선한 세상에서 삶을 누릴 수 있습니다.

자연스러움에 머물면
완전해지네

마음에 머물면 너그럽고

일에 머물면 즐거우며

분수에 머물면 편안하고

자연스러움에 머물면 완전해진다.

너의 망녕됨을 경계하고

너의 조급함을 경계하고

너의 우매함을 경계하고

너의 미혹됨을 경계해서

스스로 어려움에 빠지지 말라.

止於心則寬, 止於事則歡.

止於分則安, 止於天則完.

戒汝妄, 戒汝躁, 戒汝愚, 戒汝惑, 毋自底于難.

위백규, 《존재집》, 〈팔괘명〉

젊은 시절에는 목표를 향해 쏜살같이 달리던 때가 있었습니다. 목표를 향해 앞만 보고 달리느라 주위를 돌아보지 않고, 어리석으면서도 잘난 줄 알고, 남의 말에 쉽게 흔들리기도 하였습니다. 그러나 이제는 좀 차분히 잘 살고 싶습니다. 느리더라도 나의 속도에 맞추어 나다운 모습으로 살고 싶다는 생각이 듭니다.

가기 어렵다면 머물 줄도 알아야 합니다. '머문다'는 것은 '멈춘다'는 것과 다릅니다. 머문다는 건 내가 있는 시공 속에서 중심이 되어 존재하는 것을 말합니다. 내가 있는 시공 속에서 중심이 되는 것은 매 순간 나의 의식과 행동이 하나가 될 때 가능하고, 또 관계 속에서 바른 역할을 해낼 때 가능합니다.

조선 후기 실학자 위백규魏伯珪(1727~1798)의 《존재집存齋集》에 실린 〈팔괘명八卦銘〉이라는 글에서는 '머묾'에 대해 이야기하고 있습니다. 마음을 마구 쓰지 않고 가만히 놔두면 너그러워지고, 일을 조급히 하지 않고 가만가만 하면 희열이 생기고,

분수 밖의 일을 어리석게 넘보지 않고 가만히 지내면 편안해지고, 이런저런 소리에 미혹되지 않고 하늘에 맡기고 자연스럽게 놔두면 완전해진다고 합니다. 그러니 일부러 애써 저항하거나 회피하지 않고 자기 자신으로 가만히 존재하면 되는 것입니다.

지난날 열심히 앞만 보고 달려왔다면 이젠 달리던 것을 좀 멈추고 온 길을 가만히 되짚어보아야겠습니다. 빨리 가는 것을 배웠듯이 잘 머무는 것도 배워야겠습니다. 자꾸 어딘가 갈 곳을 찾을 게 아니라 이젠 내가 있는 시공 속에서 내가 중심이 되어 존재하는 방법을 찾을 때입니다.

《시경詩經》〈면만綿蠻〉에, "꾀꼴꾀꼴 꾀꼬리가, 저 언덕에 앉아 있네"라고 한 말이 있습니다. 이에 대해 공자께서 "저 새도 머물 곳에서 머물 줄을 아는데, 사람으로서 새만도 못해서야 되겠는가"라고 하였습니다. 사람이 머물 곳에 머물지 못하면 저 언덕 자기 자리를 찾아 지저귀는 꾀꼬리만도 못하다고 했습니다.

그렇다면 사람이 머물 곳은 어디일까요? 그곳은 상황과 관계가 바뀌더라도 그 속에서 최선의 선택을 내릴 수 있는, 지금 여기의 우리 마음자리일 것입니다.

너그러워지고, 기뻐지고, 편안해지고, 완전해지려면 우선 나를 좀 가만히 놔두어야겠습니다. 그리고 내 주위 사람들과의 관계를 생각하며 기본에 충실하자는 마음으로 지내야 합니다. 그래야 편안하게 내려놓은 마음 상태에서 치우치지 않은 선택을 할 수 있습니다. 마음을 가만히 놔두기만 하면 내 자리를 우주의 중심으로 만들 수 있습니다.

보이지 않는 데에서 조심하고
들리지 않는 데에서 두려워하라

으슥한 곳이라 하여 속일 수 있겠는가?

열 눈이 보고 있다.

사적인 곳이라 하여 함부로 행동해도 되겠는가?

열 손가락이 가리키고 있다.

은미한 것보다 더 드러나는 것이 없고

미세한 것보다 더 잘 나타나는 것이 없다.

엄숙히 사색하고

기미를 잘 살피라.

그리하여 보이지 않는 데에서 조심하고

들리지 않는 데에서 두려워하라.

군자가 참된 마음 간직하면

마음이 편안하리라.

幽可欺歟? 十目所視.

私可慢歟? 十手所指.

莫見乎隱, 莫顯乎微,

儼若思, 審厥幾.

是以戒愼乎所不覩, 恐懼乎所不聞.

君子存誠, 泰然天君.

권호문, 《송암집》, 〈옥루명〉

혼자 있을 때 어떤 생각을 하고 어떤 행동을 하며 시간을 채
워가는지가 그 사람의 됨됨이를 말해줍니다. 삶을 완성하는
핵심적인 내용이라고도 할 수 있습니다. 그래서 나이 들수록
자기 마음을 고요히 지켜볼 자기만의 시간과 공간을 마련하
는 것이 좋습니다. 나를 돌아보기 좋은 곳에 머물고, 마음을
나누지도 못하면서 만나는 형식적인 모임도 줄이고, 이것저
것 벌인 일들도 좀 정리해가면서 내적으로 외적으로 곁가지
를 잘라낼 필요가 있습니다.

조선 중기 학자 권호문權好文(1532~1587)의 《송암집松巖集》
에 실린 〈옥루명屋漏銘〉이라는 작품에서는 홀로일 때 삼간다
는 뜻을 가진 '신독愼獨'을 이야기하고 있습니다. 옥루屋漏는

32

방 안의 서남쪽 모퉁이 은밀한 곳을 가리키는 말입니다. 혼자만 아는 마음을 상징하기도 합니다.

《대학장구》에는 "소인이 한가로이 거처할 때에 온갖 못된 짓을 하다가, 군자를 본 뒤에 은근슬쩍 그 못된 것을 가리고 선함을 드러낸다. 그런데 남들이 자기를 볼 때에는 그 폐와 간을 들여다보듯이 할 것이니, 무슨 유익함이 있겠는가. 이것을 일러 '마음으로 성실하면 겉으로 드러난다'고 하는 것이다. 그러므로 군자는 반드시 그 홀로일 때를 삼간다"라는 구절이 있습니다.

숨은 것보다 더 드러나는 것이 없고 미세한 것보다 더 잘 나타나는 것이 없다는 것은《중용장구^{中庸章句}》에 있는 말입니다. "도는 잠시도 떠날 수가 없으니 떠날 수 있다면 도가 아니다. 그런 까닭에 군자는 보이지 않을 때에도 경계하고 삼가며, 들리지 않을 때에도 걱정하고 두려워한다. 은미^{隱微}한 것보다 더 잘 드러남이 없으며 미세한 일보다 더 잘 나타남이 없다. 그러므로 군자는 그 홀로일 때를 삼가는 것이다"라고 하였습니다. 이처럼 수많은 고전에서 '신독'을 강조하고 있습니다.

아무도 모를 거라 여기는 곳에서도 보는 눈이 있고, 오히려 더 잘 드러난다고 하는 이유가 무엇일까요? 으슥한 곳에도 보는 눈이 있고 사적인 곳에도 가리키는 손가락이 있다고 하는데, 그건 결국 나의 눈이고 나의 손가락입니다. 남을 속인다 해도 자신을 속일 수는 없으니, 애써보아야 아무 소용없습니다. 혼자만 아는 마음 안에서 어떤 생각을 하는지, 혼자만 있는 곳에서 어떤 행동을 하는지가 결국 내가 나를 판단하는 기준이 됩니다.

우주의 한복판, 가장 은미한 곳에서 무슨 생각을 하고 무슨 행동을 하느냐가 그 사람의 인품이 됩니다. 눈 밝은 사람에게 폐와 간을 다 드러내 보이는 부끄러운 일도 하지 말아야 하겠거니와 속이려야 속일 수 없는 자기 자신을 속이려고 애쓰는 헛수고도 하지 말아야겠습니다.

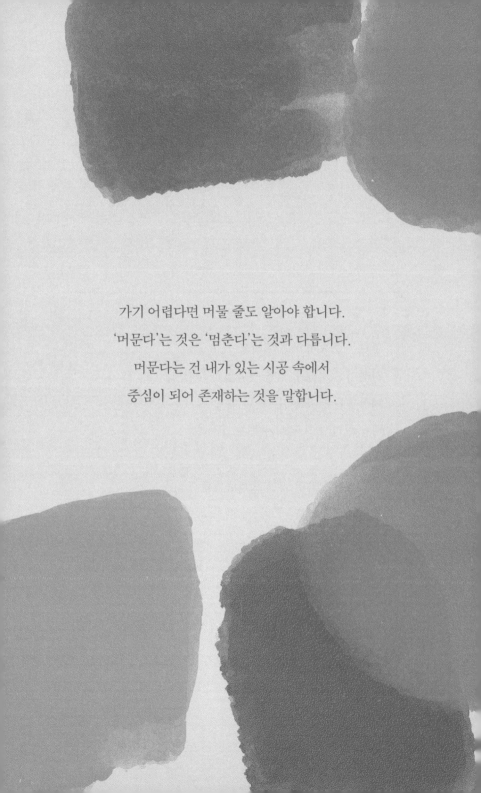

가기 어렵다면 머물 줄도 알아야 합니다.
'머문다'는 것은 '멈춘다'는 것과 다릅니다.
머문다는 건 내가 있는 시공 속에서
중심이 되어 존재하는 것을 말합니다.

마음속 한 조각
무쇠는 녹지 않는다

군자는 풍속이 바뀐다 해도
자신이 지켜야 할 법을 변함없이 지키며,
대장부는 천지가 뒤바뀐다 해도
마음속 한 조각 무쇠가 녹지 않는다.

風流俗移士君子. 身上三尺法不變.
天翻地覆大丈夫. 心中一寸鐵未銷.

안정복, 《순암집》, 〈경어일련〉

조선 후기 역사학자 안정복安鼎福(1712~1791)의 《순암집順菴集》
에 실린 〈경어일련警語一聯〉에는 세상의 변화와 상관없이 자
신의 마음을 굳건히 지키려는 뜻이 적혀 있습니다. 순암은
71세의 나이에도 혈기가 쇠함에 따라 의지가 약해질까를 두
려워하였습니다. 그는 이 글을 지으며 "세상이 쇠해지다 보
니 예의가 밝지 못하여 법을 뛰어넘고 예를 넘는 것을 소탈
하다고 하고, 염치가 모두 없어져 모난 곳 없이 두리뭉실한
것을 시중時中이라고 한다. 그리하여 지조가 망가져도 걱정을
하지 않고 명절名節이 손상되어도 돌아보지 않는다. 이대로
가다가는 장차 모두 휩쓸려 빠져들게 될 것이다"라고 걱정
을 하였습니다.

　40세 이후에는 나이를 잘 먹어야 본전이라고 하는 말을
들은 적이 있습니다. 무엇이 나이 먹는 것을 발전이 아닌 퇴
보로 만드는 것일까요? 이래저래 타협하기를 좋아하고, 도
전보다는 체념을 익숙하게 여기는 태도가 나이 먹는 일을 멋
없는 일로 만드는 게 아닐까 싶습니다. 만약 풍속이 바뀐다
해도 자신이 지켜야 할 법을 변함없이 지키고, 천지가 뒤바
뀐다 해도 무쇠처럼 단단한 한 조각 마음이 녹지 않을 수 있
다면 그런 사람은 멋진 어른으로서 존경받을 것입니다.

　오십 대가 되어보니, 직업이나 외모로 사람을 보게 되지
않고 충실하고 정직한 사람인지를 보게 됩니다. 중요하지 않
은 것들을 가려낼 줄 알고, 겉과 속이 다르지 않은 사람을 만

날 때 편안하고 즐겁습니다. 그런 사람들은 뿌리 깊은 나무처럼 외부의 영향을 덜 받고 늘 단단한 느낌을 줍니다.

《맹자孟子》〈공손추 상公孫丑上〉에서, 공손추가 맹자에게 호연지기浩然之氣란 무엇인지를 물었습니다. 그러자 맹자는 "무어라 말하기 어렵다. 이 호연지기는 지극히 크고 강하니, 바르게 기르고 해치지 않으면 천지 사이에 꽉 차게 된다. 또한 호연지기는 의義와 도道와 짝하고 있으니, 이것이 없으면 줄어들게 된다"라고 답하였습니다. 무엇이 의로운지, 무엇이 도에 맞는지를 가려 굳건히 지킬 수 있다면 호연지기를 갖춘 강한 사람이 될 수 있습니다.

누군가 진정으로 강해 보이는 것은 그가 가진 돈이나 지위나 허세 때문이 아니라 그가 살아온 역사와 그가 가진 자신에 대한 믿음 때문입니다. 어떤 상황 속에서도 옳은 선택을 하려고 노력했기 때문에 스스로에게 당당할 수 있는 것이고, 스스로 편안하기 때문에 남들이 보기에도 멋있어 보이는 것입니다.

요즘 세태를 보면 예의 없는 것을 쿨한 줄 알고, 염치가 없는 것을 당당한 줄 아는 것이 풍속이 된 듯합니다. 그러나 이러한 때일수록 세상에 휩쓸리지 않도록 자신을 단단히 단속하는 일이 필요합니다. 마음속 무쇠 한 조각을 잃어버리면 아주 쉽게 시시한 사람이 되고 말기 때문입니다.

거울처럼 비추고
저울처럼 달아라

이 마음 잘 보존하여 길러
거울처럼 있는 그대로 비추고 저울처럼 공평하게 달아라.
사물이 오면 그대로 응하여
바르고 빛남을 유지하라.

存養此心, 鑑空衡平.
物來順應, 正大光明.

유희춘, 《미암집》, 〈정심명〉

세상을 산다는 것은 세상을 보고 느끼는 것을 말합니다. 세상을 잘 살려면 제대로 보고 제대로 느껴야 합니다.

《대학장구》에 "마음이 있지 않으면 보아도 보이지 않고, 들어도 들리지 않고, 먹어도 맛을 모른다"라는 말이 있습니다. 모든 문제 해결은 제대로 보는 데서부터 시작하는데 제대로 본다는 것은 마음을 실어서 보는 것을 말하고, 마음을 실어서 본다는 것은 매 순간 주의 깊게 보는 것을 말합니다. 건성으로 보면 마음이 사물을 제대로 파악할 수 없습니다.

선인들도 자신을 제대로 보고 느끼기 위해 많은 성찰을 하였습니다. 조선 시대 학자 유희춘柳希春(1513~1577)의 《미암집眉巖集》에 실린 〈정심명正心銘〉이라는 글에서는 마음을 잘 보존하여 길러 거울처럼 있는 그대로 비추고 저울처럼 공평하게 판단하라고 하였습니다. 무언가 바르게 보기 위해서는 먼저 내 마음이 밝아져야 합니다. 내 마음이 밝아져야 해와 달이 사방을 밝게 비추는 것처럼 있는 그대로 볼 수 있습니다. 또 무언가 제대로 평가하기 위해서는 먼저 내 마음이 공정해야 합니다. 내 마음이 공정해야 저울처럼 정확하게 상황을 파악할 수 있습니다.

거울이 사물을 있는 그대로 비추고, 저울이 무게를 있는 그대로 달듯이, 있는 그대로를 보아야지, 내가 보고 싶은 부분만 보거나 내가 중시하는 것에 중심을 두면서 사실을 왜곡해서는 안 됩니다. 고통스러운 현실 앞에서도 상황을 냉정히

보고 받아들여야지, 받아들이는 것이 고통스럽다고 회피하고, 거짓된 세계를 만들어 그 안에 머물려 하면 끝내 망상에 빠져 헤어날 수 없습니다. 나를 옭아매는 것들에서 벗어나기 위한 첫 단계는 나와 남을 바르게 보고 현실을 수용하는 데서부터 시작한다는 것을 잊어서는 안 되겠습니다.

생각의 소용돌이는 마음의 숨결이 지나갈 길목을 좀처럼 내어주지 않습니다. 텅 빈 마음에서 자연스럽게 나오는 감각으로 보고 느끼고 판단할 수 있다면 있는 그대로 상황을 수용할 수 있을 텐데, 자기만의 생각에 갇혀서 있는 그대로를 보지 못할 때가 많습니다. 그러니 생각이 많아질 때에는 잠시 생각을 떠나 있어야 합니다. 생각의 소용돌이를 떠나 텅 빈 마음의 벌판 위에 서야 생각의 균형을 잡을 수 있습니다. 균형 잡힌 생각을 해야 마음이 담담해지고 공정해져 상황을 제대로 판단하고 대처할 수 있습니다. 저울처럼 균형 잡힌 생각, 거울처럼 있는 그대로를 볼 수 있는 시선을 갖추고 나면 그 앞에 바르고 빛나는 방향이 보입니다.

수천 번 한 생각보다 나은 것이 텅 빈 마음에서 길어 올린 첫 생각입니다.

깊은 물 속은
외물에 흔들리지 않는다

그대 입을 다물라.

멍청한 듯, 모르는 듯.

속이 시끄러우면

다투고 치달리지.

이것이 병통이니

침묵을 해치는 일.

너의 정신 가다듬어

텅 빈 곳에 빛을 감추라.

깊고 깊은 물 속은 외물外物에 흔들리지 않으니

텅 빈 마음에서 나온 빛으로 삼라만상을 다 포용하리라.

때때로 꺼내 써도 다함이 없으니

아, 내가 침묵하는 이유가 여기에 있네.

喋而嘵, 泯如昏如. 衷之闇, 閟如犨如.

是謂病, 瘖默之賊.

斂而靈, 光藏沖漠.

九淵沈沈外不蕩, 虛而生明涵萬象.

而時出之無窮已, 嗟吾之默其在是.

장유, 《계곡집》, 〈묵소잠〉

선인들이 늘 주의하라고 신신당부하는 것 중 **빠지지** 않는 것
이 '말'입니다.

　장유의 《계곡집》에 실린 〈묵소잠默所箴〉은 침묵의 중요성
과 그 효용에 대해 적은 글입니다. 침묵을 통해 외물에 흔들
리지 않는 깊은 심연에 닿아 그곳에서 나오는 빛으로 삼라만
상을 포용하라고 말합니다. 옳으니 그르니 하는 생각을 내려
놓고, 생각 너머로 가서 깊은 물에 잠기듯 생각에 잠기면 모
든 것을 포용할 수 있는 깊이 있고 울림 있는 말이 계속해서
떠오를 것이니, 이것이 침묵하는 이유라고 말합니다.

　대개는 말을 잘하면 똑똑한 사람이고, 말을 못하면 못난
사람이라고 생각하기 쉽지만 현명한 사람은 멍청한 듯, 모르
는 듯 말을 아끼는 사람입니다. 침묵 속에서 더 깊은 마음의

소리를 들을 수 있어서이기도 하지만, 가벼이 말했다가 불러올 파장이 만만치 않기 때문이기도 합니다. 그래서 옛사람들이 늘 말을 조심하라고 그토록 당부한 것입니다.

《시경》〈억抑〉에, "흰 옥돌에 묻은 오점은 깎아서 없앨 수 있지만, 말 잘못해서 생긴 오점은 어떻게 해볼 수가 없다"라는 말이 있는데, 공자의 제자인 남용南容이 매일 이 구절을 세 번씩 반복해서 외자, 공자가 이를 훌륭하게 여겨 조카 사위로 삼았다고 합니다. 공자께서 사람을 볼 때 그가 말조심하는지 여부를 중요시한 것을 알 수 있는 대목입니다.

특히 나이가 들수록 말의 무게를 생각해야 합니다. 전에는 장난 삼아 말해도 문제가 없던 것이, 내 상황과 관계가 바뀜에 따라 문제가 될 수도 있기 때문입니다. 또 주장하는 것도 좀 줄이고 경청하는 태도를 취해야 합니다. 새로운 가치관을 가진 세대가 생각하는 것을 구현할 수 있도록 지켜보고, 할 말이 있어도 좋은 말로 의견을 말해주어야지, 나이나 지위를 들이밀며 말을 막거나 함부로 충고할 생각을 해서는 안 됩니다.

멍청한 듯, 모르는 듯 입을 다물어도 그 안에서 지혜는 자라나고 있습니다. 침묵은 지혜가 고이는 자리입니다. 말은 침묵을 거쳐 나올 때 진가를 발휘합니다. 여러 생각이 칼날처럼 바삐 부딪치는 자리엔 빛을 품을 텅 빈 공간이 없습니다. 입을 다물고, 생각을 내려놓고, 깊은 물에 잠기듯 생각 이

전의 마음에 가닿으면, 부질없는 것은 다 사라지고 값을 매길 수 없는 소중한 것 하나가 남습니다. 거기서 나온 지혜는 백 마디 말보다 낫습니다.

투호할 때의
마음가짐처럼

네 몸을 곧게 하고
네 마음을 바르게 하여
네 살을 던졌다면
들어가지 않더라도
이긴 이를 원망하지 말고
자신을 반성하라.
몸을 굽혔다 팔을 당기면서
기필코 이기려는 태도로 애쓰는 것은
소인들이나 하는 짓이다.
확고하여 흔들리지 않고
의연하여 변치 않는 것,
그것이 군자가 하는 일이다.

直爾躬, 正爾心, 發爾矢.

雖不中, 不怨勝, 反諸己.

俯身引臂, 務勝必得, 小人之爲.

確然不動, 毅然不改, 君子以之.

정조,《홍재전서》,〈투호명〉

마음이 늘 호수처럼 잔잔하면 좋겠지만 우리 마음은 작은 일에도 쉬이 흔들리고 중심을 잡지 못합니다. 외부에서 불어오는 바람이 마음에 파장을 일으켰다고 여기지만, 마음의 변화는 상황을 대하는 태도에서 오는 것일 수도 있습니다. '내가 이렇게 된 것은 다 너 때문이다'라고 생각하면 내가 이끌 수 있는 변화의 폭이 좁아집니다. 같은 상황이라도 어떤 마음을 가지는지에 따라 삶의 방향이 달라질 수 있습니다.

옛사람들은 늘 자신의 마음 상태를 점검할 것을 강조하였는데, 이때 예로 든 것이 활쏘기나 투호입니다.

조선 22대 임금 정조正祖(1752~1800)의《홍재전서弘齋全書》에 실린〈투호명投壺銘〉은 투호를 할 때의 마음가짐을 통해 군자의 마음가짐이 어떠해야 하는지를 이야기한 글입니다. 살을 던질 때 살이 호리병에 들어가느냐 안 들어가느냐는 온전히 내 몸의 자세와 내 마음의 태도에 달린 일이라고 말합니다. 이기고야 말리라는 마음을 먹는 것은 소인들이나 하는 짓이라고 하며, 부동심을 유지하고 의연하게 응하는 것이 군자의 태도라고 말하고 있습니다.

《중용장구》에 "활쏘기는 군자의 태도와 비슷한 점이 있으니, 활을 쏘아 정곡을 맞히지 못하면 자신을 돌아보고서 그 이유를 찾는다"라고 한 공자의 말씀이 있습니다. 화살을 정곡에 맞추지 못하고, 살을 호리병 안에 넣지 못하는 데에는 다른 이유가 없습니다. 오직 내 마음이 흔들리고 내 몸이 흐트러져서입니다. 내 마음이 안정되고, 내 자세가 반듯하면 활은 제대로 날아가게 되어 있습니다. 그러니 상대가 얼마를 넣었는지, 내가 몇 점을 더 얻으면 되는지를 생각하며 마음을 분산시킬 필요가 없는 것입니다.

인생의 성공도 이와 마찬가지입니다. 우리는 무언가 내 마음대로 안 될 때 그 원인을 남에게서 찾으려 하지만 사실 원인은 나에게 있습니다. 삶을 살아가는 내 마음 자세가 흐트러져서이고, 외부 상황에 따라 내 중심이 흔들렸기 때문입니다. 설사 외부에서 어려움이 닥쳤다고 해도 지금 당장 내가 할 수 있는 것은 내 마음과 자세를 바로잡는 일밖에 없습니다.

내가 흔들린 원인을 나에게서 찾아 다시 도전한다면 삶에서도 경쟁 없는 승리를 할 수 있습니다. 그러나 만약 남을

의식해 상대보다 무조건 앞서야겠다는 마음을 먹고, 남 잘되
는 것을 시기하고 배 아파하면, 내가 가진 힘마저 줄어들어
점점 더 안 좋은 방향으로 흘러갈 수밖에 없습니다.

삶이라는 경기의 금메달리스트는 나를 이긴 자이지, 남
을 이긴 자가 아닙니다.

무적無適이면
무적無敵이다

마음이 옮겨 감이 없다는 무적無適 두 자는
마음을 보존하는 오묘한 처방이다.
이 세상 그 어떤 말로도
이보다 더 알맞게 표현할 수 없으니
움직일 때나
가만히 있을 때나
깨어 있거나
잠들어 있거나
이 말을 가슴에 새기고 잊지 말아라.

無適二字, 操心妙方.
千言萬語, 莫此爲當.

動靜寤寐, 服膺勿忘.

조익, 《포저집》, 〈무적명〉

───────────────────────

혼란은 제자리에 있어야 할 것이 제자리에 있지 않을 때 생겨납니다. 혼란을 막고 질서를 잡기 위해서는 사람이든 물건이든 있어야 할 자리를 잘 보아 그 자리에서 제 기능을 하도록 해야 합니다.

마음에도, 인간관계에도, 직업에도 모두 있어야 할 자리가 있고, 그 자리에 있을 때 모두가 편안해집니다. 그러면 있어야 할 자리는 어디이고, 있어서는 안 되는 자리는 어디일까요?

조선 중기 학자 조익趙翼(1579~1655)의 《포저집浦渚集》에 실린 〈무적명無適銘〉에서는 항상 마음에 새기고 잊지 말아야 할 말, 마음을 보존하는 오묘한 처방으로 '무적無適'을 말하였습니다. 이 말은 '주일무적主一無適'과 같은 말입니다. 마음을 한데 모으고 이리저리 옮기지 않는 것, 매 순간 내 의식과 행위가 일치하도록 집중하는 것을 가리킵니다.

공부할 때 딴 생각을 하면 머리에 들어오는 것은 하나도 없습니다. 설거지를 하면서 생각이 다른 데 팔려 있으면 그릇을 깨기 쉽습니다. 물건이 제자리에 있어야 하듯이 마음도 늘 행위하는 그 자리에 있어야 합니다.

《시경》에, "거룩한 문왕文王이여, 아! 계속하여 밝혀 공경하여 머무셨다"라는 문장이 있는데,《대학》의 〈지어지선止於至善〉 장에서 이를 두고 '임금이 되어서는 인仁에 머무시고, 신하가 되어서는 경敬에 머무시고, 자식이 되어서는 효孝에 머무시고, 아버지가 되어서는 자애로움慈에 머무시고, 나라 사람과 사귈 때는 믿음信에 머무셨다'라고 설명하였습니다.

마음이 제자리에 머물려면 관계도 제자리에 머물러야 함을 보여줍니다. 무엇이 마땅치 않을 때에는 잡념을 거두고 마음의 본원으로 돌아와 무엇이 잘못되었는지를 분명히 살펴보아야 합니다. 마음이 이리저리 휘둘리지 않는 상태에 있어야 내가 있을 때, 내가 있을 곳, 내가 행할 것, 내가 함께할 사람을 제대로 선택할 수 있습니다. 머물 때, 머물 장소, 머물 행위, 머물 관계에 머물 수 있도록 돕는 오묘한 처방이 '무적無適'입니다.

머물기에 편안한 시간과 장소와 관계 속에서 마음을 온전히 하나로 모으면 하늘과 내가 하나가 되고, 하늘과 내가 하나가 되니 마음이 평화로워집니다. 내 마음이 무적한 상태가 되면 천하무적天下無敵이 될 수 있습니다.

하늘의 도는
밝게 드러난다

하늘은 푸를 뿐이라 말하지 말라.

하늘은 실로 알고 있다.

하늘은 아득하기만 할 뿐이라 말하지 말라.

하늘의 도는 밝게 드러난다.

착한 일 하면 상서로움을 주니,

지붕의 이엉처럼 복이 쌓이리라.

착하지 않으면 재앙을 내리니,

죽음을 면치 못하리라.

모든 군자들이여,

공경하고 공경하여라.

위엄 있는 하느님이

날마다 이곳을 보고 계신다.

勿謂蒼蒼, 天實有知.

勿謂冥冥, 天維顯思.

作善降祥, 福祿如茨.

不善降禍, 未免誅夷.

凡百君子, 敬之敬之.

有嚴上帝, 日監在玆.

성현, 《허백당집》, 〈십잠〉 중 '경천'

《주역》 64괘 중에는 '무망괘无妄卦'가 있습니다. 무망괘는 하늘을 뜻하는 ☰건괘乾卦와 우레를 뜻하는 ☳진괘震卦로 이루어져 있습니다. 무망无妄은 망녕됨이 없다는 뜻입니다. 상층부는 하늘처럼 건실하고 하층부는 우레처럼 의욕적이어서 상하가 조화를 이루면 멋진 변화를 이룰 수 있는 형상입니다. 무망괘는 하늘의 도에 맞아 진실하고 속임이 없으면 모든 것이 순조롭게 진행되어 좋은 결실을 맺게 되는 모습을 보여줍니다.

그런데 우리 현실은 꼭 그렇지 않습니다. 거짓을 일삼고, 남을 속여가면서 좋은 자리를 차지하고, 그것을 들켜도 처벌받지 않고 버젓이 고개를 들고 다니는 사람들을 많이 봅니다. 이런 상황을 보다 보면 왠지 힘이 빠지기도 합니다. 소박하고 참된 진짜보다 겉만 번드르르하고 거짓된 가짜가 더 행세하는 현실이 씁쓸해집니다. 땅 위의 법이 심판하지 못한 것을 하늘이 반드시 심판할 거라 믿기도 어렵습니다. 이런 현실 속에서 흔들리지 말라는 듯 옛 선현들이 남긴 글에는 인과응보를 강조하는 문장이 많이 있습니다.

조선 전기 학자 성현成俔(1439~1504)의 《허백당집虛白堂集》에 〈십잠十箴〉이 실려 있습니다. 이 중 '경천敬天'이라는 작품에서는 하늘의 존재를 이야기하고 있습니다. 성현은 하늘은 저 높이 파랗게 있는 공간을 가리키는 것이 아니라 언제 어디서나 함께하는 본질임을 강조합니다. 그 하늘이 날마다 이곳을 보면서, 착한 일을 하면 상서로움을 주고 나쁜 일을 하면 재앙을 내린다고 하였습니다. 하늘의 힘을 굳게 믿은 것을 알 수 있습니다.

《노자老子》에도 "하늘의 그물은 넓고 넓으나, 성글어도 놓치지 않는다"라는 말이 있습니다. 하늘이 쳐놓은 그물은 잘 보이지는 않지만 악을 저지른 사람을 다 걸러내게 되어 있다는 뜻입니다. 하늘의 도에 맞아 진실하고 속임이 없으면 모든 것이 순조롭게 진행되어 좋은 결실을 맺지만, 거짓되고 남을 속이면서 하늘의 뜻에서 멀어진 행동을 일삼다 보면 일을 그르치게 됨을 경고한 말입니다.

하늘은 무엇일까요? 사람 사이에서 밝게 지켜보며 만물

을 길러내는 우리의 순수한 본마음입니다. 그러니 마음이라는 거울이 있는 이상 잘못을 감추고 싶다 하여 감출 수 없고, 죄를 피하고 싶다 하여 피할 수 없는 것입니다.

지금 여기서 하늘의 뜻을 따르면 하늘 백성이 되고, 지금 여기서 하늘의 뜻을 어기면 지옥 중생이 되니, 하늘이 없다고 말할 수 있을까요? 하늘이 벌을 내리지 않는다고 말할 수 있을까요?

묵묵히 기억하고 묵묵히 간직하며
묵묵히 행한다

묵묵히 기억하면 기억이 틀림없이 정확하고,
묵묵히 간직하면 간직함이 틀림없이 굳세고,
묵묵히 행하면 행함이 틀림없이 힘을 받으니,
묵묵함의 가치가 원대하여라.

默而識之則識必眞, 默而存之則存必固,
默而行之則行必力, 默之時義遠矣哉!

유원지, 《졸재집》, 〈묵〉

조선 중기 학자 유원지柳元之(1598~1674)의 《졸재집拙齋集》에는 〈묵默〉이라는 작품이 실려 있습니다. 저자는 이 작품에서 묵묵히 기억하고, 묵묵히 간직하고, 묵묵히 행하는 것이 갖는 힘에 대해 이야기합니다. 정확히 기억하고, 굳게 간직하고, 힘 있게 행하려면 묵묵함이 그 기반이 되어야 합니다.

묵묵히 기억한다는 것은 보고 들은 대로 왜곡 없이 상황을 바라보는 것입니다. 내게 유리한 방향으로 사실을 바꾸어가며 우기지 않고, 조용히 객관적 사실이 무엇인지 점검하는 시간을 갖는 것을 말합니다. 제대로 판단한 것을 기억하기 때문에 기억에 오류가 있을 수 없습니다.

묵묵히 간직한다는 것은 마음에서 이는 여러 생각들을 잘 정리해서 간직하는 것입니다. 객관적 사실을 바탕으로 묵묵히 마음에 새기는 과정을 거친다면 내 안에 믿음이 생겨 흔들리지 않을 수 있습니다.

묵묵히 행한다는 것은 곧 기억하여 간직한 것을 토대로 현실에서 실현해내는 것입니다. 이미 마음속에서 방향이 정해졌기 때문에 행동에도 힘이 실릴 수 있습니다.

묵묵함은 갈등을 막고 소통의 힘을 길러, 때와 경우에 맞게 행동할 수 있게 해주는 가장 강력한 처방입니다.

《소학小學》〈선행善行〉에, 가정이 평화로울 수 있는 비결에 대한 이야기가 전해집니다. 99세까지 장수했다는 장공예張公藝의 집안은 9대가 함께 살았는데, 중국 당나라 고종高宗이 그 집에 들러 그 많은 사람이 화목하게 지내는 방법을 물었다고 합니다. 그러자 장공예가 종이에 참을 인忍 자 100여 자를 써서 올렸다고 합니다. 가화만사성家和萬事成의 비결도 특별한 데 있지 않습니다. 모든 구성원들이 제 주장만 앞세우기를 참고, 묵묵히 제 도리를 다하는 데에 평화의 비결이 있습니다. 가정이나 사회에서도 묵묵히 제 도리를 하는 것이 중요합니다. 할 일은 안 하면서 하고 싶은 말을 내키는 대로 다 했다가는 소란스러워질 뿐입니다. 묵默 자가 가진 뜻이 묵직합니다.

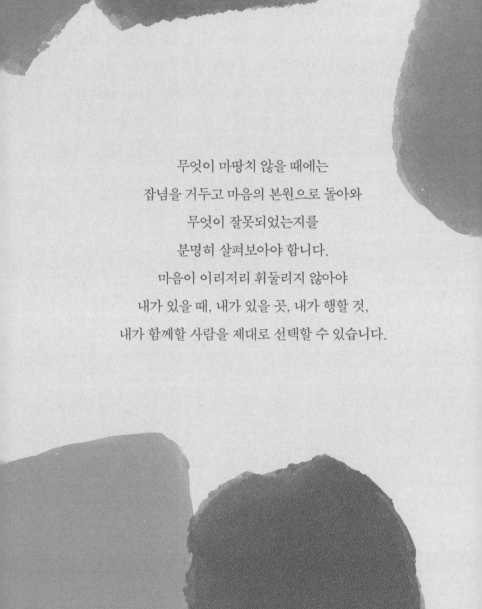

무엇이 마땅치 않을 때에는
잡념을 거두고 마음의 본원으로 돌아와
무엇이 잘못되었는지를
분명히 살펴보아야 합니다.
마음이 이리저리 휘둘리지 않아야
내가 있을 때, 내가 있을 곳, 내가 행할 것,
내가 함께할 사람을 제대로 선택할 수 있습니다.

2장

한 걸음이라도 더 나은
사람이 되는 방향으로

미혹을 돌이켜 생각을 바로 세워라

일상의 모든 일에서
마땅한 것을 찾는 것

사람이 이 세상에 나서

학문이 아니면 사람다운 사람이 될 수 없다.

학문이란 이상하고 특별한 것이 아니다.

그저 아비 된 자는 자애로워야 하고,

자식 된 자는 효도해야 하고,

신하 된 자는 충성해야 하고,

부부간에는 분별이 있어야 하고,

형제간에는 우애로워야 하고,

젊은이는 어른을 공경해야 하고,

친구 간에는 신의가 있어야 하는 것이다.

일상의 모든 일에서 일마다 마땅한 것을 취할 뿐이요,

현묘한 것에 마음을 두어 기이한 것을 노려서는 안 된다.

그러나 학문하지 않은 사람은

마음이 꽉 막혀 있고 식견이 좁기 때문에

모름지기 글을 읽고 그 이치를 연구하여

마땅히 가야 할 길을 밝힌 뒤에야

학문적 조예가 바름을 얻고

행실이 마땅함을 얻을 수 있을 것이다.

요즘 사람들은 학문이 일상생활 속에 있는 줄을 모르고,

높고 멀어 행하기 어려운 것에 망령되이 뜻을 둔다.

그리하여 특별한 사람에게 미루고 자기는 자포자기하니

얼마나 가여운 일인가?

人生斯世, 非學問, 無以爲人. 所謂學問者, 亦非異常別件物
事也. 只是爲父當慈, 爲子當孝, 爲臣當忠, 爲夫婦當別, 爲
兄弟當友, 爲少者當敬長, 爲朋友當有信. 皆於日用動靜之
間, 隨事各得其當而已. 非馳心玄妙, 希覬奇效者也. 但不學
之人, 心地茅塞, 識見茫昧. 故必須讀書窮理, 以明當行之
路, 然後造詣得正, 而踐履得中矣. 今人不知學問在於日用,
而妄意高遠難行. 故推與別人, 自安暴棄, 豈不可哀也哉?

이이, 《격몽요결》 서문

조선 중기 학자 이이李珥(1536~1584)의《격몽요결擊蒙要訣》은 초학자의 덕행과 지식 함양을 위해 지은 책입니다. 이이는 이 책의 서문에서 학문이란 무엇인지, 학문이 왜 중요한지에 대해 이야기하고 있습니다. 그는 '학문이란 무엇인가?'라는 물음에 '누구나 할 수 있는 평범한 생활 속 실천'이라고 답하고 있습니다. 학문이란 일상의 모든 일에서 마땅한 것을 찾는 것이니, 뭔가 특이하고 그럴싸해 보이는 데에서 답을 구하지 말라고 하면서 마땅히 해야 할 일들을 포기하지 않고 실천하는 것이 중요하다고 강조합니다. 그리고 꽉 막힌 마음을 틔우고, 좁은 식견을 넓히고, 바르게 실천하기 위해서는 모름지기 글을 읽고 그 이치를 연구해야 한다고 말합니다.

《논어》〈학이學而〉에, "제자가 집 안에 들어가서는 효도하고 나가서는 공손하며, 행실을 삼가고 말을 성실하게 하며, 널리 사람들을 사랑하되 어진 이를 가까이해야 하니, 이것을 행하고 남는 힘이 있으면 학문을 한다"라는 공자의 말이 있습니다. 생활 속 바른 행동이 공부보다 우선이라 하여 학문의 본질이 무엇인지를 강조한 말입니다.

선현들의 훌륭한 가르침이 오늘날에도 이어지니, 우리는 나아갈 방향을 몰라 헤매지 않아도 됩니다. 방향은 분명합니다. 실천이 따르느냐가 문제일 뿐이지요. 기성 세대가 먼저 가정에서, 직장에서 실천하는 모습을 보인다면 다음 세대는 가르칠 필요도 없이 따르게 될 것입니다. 말로 가르치

는 사람을 '꼰대'라 하고, 행동으로 가르치는 사람을 '어른'이
라 합니다. 꼰대가 아닌 어른이 되기 위해 다시 생활 속 실천
에 힘써야 할 때입니다.

아홉 길 높은 산도
한 삼태기 흙에서부터

하늘이 이 백성을 내리실 때에는
누구에게나 이 이치를 부여하셨네.
어질거나 어리석거나
애초에는 조금도 다름이 없었네.
도는 본래 가까이에 있으니,
선비는 뜻을 높이 두어야 하네.
바라면 바로 그렇게 되거늘,
내 그것을 두려워할 게 있겠는가?
바란다면 어떻게 해야 할까?
진실되게 해야 할 뿐이네.
힘이 부족하다 말하는 것은
스스로 한계를 긋는 것일 뿐이고,

하늘에 오르는 것처럼 불가능하다 하는 것은

스스로 포기하는 것이네.

아홉 길 높은 산도

한 삼태기 흙에서부터 비롯되니,

가느냐 마느냐가

모두 내게 달려 있네.

힘써서 현인처럼 되기를 생각하며

날로 우러르네.

인仁을 어기지 않으리라 결심하기를

안자顔子*가 했던 것처럼 하고,

몸소 천하를 책임지기를

이윤伊尹**이 태평 시대를 만들지 못함을 부끄러워한 것처럼

하리라.

장사 오확烏獲***만큼 무거운 것을 들 수 있으면

그 역시 오확이니,

사람들이여, 힘내서

---

* 　중국 춘추 시대의 유학자 안회顔回. 공자의 수제자
로 학덕이 뛰어났다.

** 　중국 은나라의 이름난 재상으로, 탕왕湯王을 도와
하나라의 걸왕桀王을 멸망시키고 선정을 베풀었다.

*** 　중국 전국 시대 진나라의 장사인데, 나중에 와서
'힘센 사람'을 가리키는 말로도 많이 쓰였다.

이 말을 오래오래 생각하시길.

天降斯民, 均賦是理. 曰賢曰愚, 初無少異.
道本在邇, 士貴尙志. 希之則是, 吾何畏彼?
希之如何, 誠之而已. 謂力不足, 是自畫爾.
謂若登天, 是爲自棄. 九仞之高, 一簣焉始.
其止其往, 皆在我爾. 俛焉思齊, 曰惟仰止.
志不違仁, 事顔之事. 身任天下, 恥尹之恥.
擧獲之任, 是亦獲矣. 勖哉夫子, 永言顧諟.

이영서, 《동문선》 수록 〈희현당명〉

조선 초기 학자 이영서李永瑞(미상~1450)의 〈희현당명希賢堂銘〉
은 뜻을 높이 두고 현인처럼 되기를 다짐한 글입니다. 그는
사람이면 누구나 하늘로부터 부여받은 것이 다 같은데, 뜻을
두고 힘쓰느냐 스스로 한계를 긋고 나아가지 않느냐에 따라
삶의 결과가 달라진다고 이야기하고 있습니다.

　뜻을 높이 두고 진실하게 노력하는 사람은 하늘이 부여
한 이치를 터득하여 현인처럼 될 수 있지만, 스스로 한계를
긋고 부족함을 알면서도 노력을 게을리하는 사람은 끝내 아

무엇도 될 수 없다고 말합니다. 그러면서 큰 목표를 세우고 한 걸음 한 걸음 나아가라고 격려합니다.

중국의 유학 경전 중 가장 오래된 《서경書經》의 〈여오旅獒〉에는 "작은 행실을 신중히 하지 않으면 끝내 큰 덕에 누를 끼칠 것이니, 이는 마치 아홉 길 산을 만들 적에 한 삼태기의 흙이 부족하기 때문에 그 공이 허물어지는 것과 같다"라는 말이 있습니다.

내 삶은 어디까지 왔을까요? 나름대로 할 수 있는 것들을 해오며 쉬지 않고 걸어왔지만 뭐 하나 딱히 이루어놓은 것도 없는 것 같습니다. 그런데도 달려온 삶에 지치기도 했고, 무언가를 다시 열심히 할 마음을 먹는 것이 유난스럽다고 느껴지기도 해 그냥 되는 대로 살자며 게으름을 받아들이기 시작합니다. 한 삼태기의 흙이 부족한데, 그만하면 됐다고 하면서 완성을 눈앞에 두고 산을 허물어뜨리는 일을 택합니다.

나이가 들었다 해도 삶이 계속 이어지는 한, 내 행실 또한 그만하면 됐다라고 내버려둘 일이 아닙니다. 스스로를 진정 아낀다면 한 걸음이라도 더 나은 사람이 되는 방향으로 걸어나가야 합니다.

사람이 태어날 때 하늘은 차별 없이 고르게 하늘의 이치를 나누어 주었습니다. 그러니 우리 안에는 하늘의 이치가 똑같이 고스란히 담겨 있습니다. 내가 정성을 다해 현인이 되느냐, 스스로 한계를 긋고 자포자기해 어리석은 사람으로 남느냐는 온전히 내 선택에 달린 문제입니다. '난 못 해'를 '난 할 수 있어'로 바꾸면 하늘이 주신 타고난 지혜가 내 안에서 다시 반짝이기 시작할 것입니다. 이 지혜를 길러나가면 인생도 다시 반짝이기 시작할 것입니다.

성인이 될 것인가,
미치광이가 될 것인가

마음은 집 떠난 나그네처럼
가만히 있을 때는 적고 움직일 때가 많다.
모름지기 잠시 잠깐도 늘 챙겨두어
털끝만큼이라도 놓치는 일이 없게 하라.
부귀는 하늘에 달렸지, 내게 달린 것이 아니지만,
성인聖人이 되느냐 미치광이가 되느냐는
내게 달렸지, 남에게 달린 일이 아니다.
밝은 창 앞에서 종일토록 책을 펴고 있으면
이내 내 몸에 오래된 병 있는 것도 잊곤 한다.

心似行人不在家, 定時常少動時多.

須於頃刻恒收斂, 莫使毫釐或放過.

富貴在天非在我, 聖狂由己豈由他?

晴窓盡日開黃卷, 忘却身邊抱積病.

홍위,《청계집》,〈자경〉

오십이 넘으면 배울 만큼 배우고, 어지간히 세상 돌아가는 것을 안다고 생각합니다. 그런데 언제나 다 안다고 생각하는 착각 속에 위험이 도사리고 있습니다. '괜찮아, 괜찮아' 하는 마음이 전혀 괜찮지 않은 결과를 불러옵니다. 더구나 어려움이 닥치기 시작하면 겹쳐 오는 경우가 많습니다. 하나만 와도 일상이 혼란스러워져 정신을 차리기 힘든데, 또 다른 어려움이 겹쳐 오면 정신이 쏙 빠져 자칫 감당하지 못할 상황을 초래할 수도 있습니다. 그래서 힘든 일이 닥치면 우선 정신을 차려야 합니다. 어려움을 모면하기 위해 위험한 선택을 하지 않도록 주의하면서, 오히려 더 열심히 덕행을 닦고 품위를 지키도록 힘써야 합니다.

　조선 후기 학자 홍위洪葳(1620~1660)의《청계집淸溪集》에 실린 〈자경自警〉이라는 작품에는 마음 단속하는 일의 중요성이 잘 드러나 있습니다. 부귀는 내 소관이 아니어도 성인이 되는 것은 내 마음에 달렸다고 하며, 덕행을 닦기 위한 다짐을 합니다. 잡으면 머물고 놓으면 달아나는 마음, 집 떠난 행인처럼 정처 없이 떠도는 마음을 잡아두는 데는 독서가 큰 힘이 되며, 독서를 하는 동안은 아픈 것도 잊게 된다고 말하고 있습니다.

당나라의 문장가 한유韓愈가 아들에게 학문을 권면한 시 〈부독서성남符讀書城南〉에도 독서의 힘을 강조한 말이 있습니다.

"나이 서른이 되어 뼈대가 굵어지면 하나는 용, 하나는 돼지가 되지. 쏜살같이 달리는 용마는 두꺼비 따위는 돌아보지도 않지."

독서는 변화를 돕는 가장 강력한 수단입니다. 내 안에 있는 힘을 일깨워주기 때문입니다. 그런데 곁에 좋은 책이 있는데도 거들떠보지 않고 주변 사람들의 말에 따라 이리저리 휘둘리다 보면 삶에서 주도권을 놓치게 됩니다. 그러다 보면 자기에 대한 믿음이 약해집니다. 그러므로 변화를 꿈꾼다면 좋은 책을 읽으면서 내가 하면 되는 것에 오롯이 집중할 필요가 있습니다.

공자는 밤낮을 쉬지 않고 흐르는 물을 찬양했습니다. "가는 것은 이 물과 같다. 밤낮을 쉬지 않고 흐르는구나." 공자가 흐르는 물을 칭찬한 까닭에 대해 맹자는 이렇게 말했습니다. "근원이 있는 물은 퐁퐁 솟아나서 밤낮으로 쉬지 않고 흘러 구덩이를 가득 채운 뒤에 앞으로 나아가 사해四海에 이르니, 사람도 근본이 있는 자는 이와 같다. 그래서 공자께서 물의 이러한 점을 높이 평가하신 것이다."

쉬지 않고 흐르는 물은 커다란 바위를 만나 굽이치더라도 마침내는 큰 바다에 이릅니다. 이와 마찬가지로 쉬지 않고 힘쓴 사람은 어려움을 만나더라도 결국은 이겨내고 자기가 원하던 삶을 완성할 수 있습니다. 그 과정에서 마르지 않고 흐르는 원천이 되어주고, 바른 방향을 제시해주는 것이 독서입니다.

한 번 주어진 인생, 어떻게 살아가느냐는 오직 자기 자신한테 달려 있습니다. 나보다 먼저 시련을 극복해낸 사람들의 지혜를 배우고, 그들이 낸 길을 따라 걸을 수 있다면 더 넓은 시야를 확보하고 세상을 바라볼 수 있어 시행착오를 줄일 수 있을 것입니다. 이것이 책을 가까이하는 이유입니다.

사금을 녹여
보물 같은 그릇을 완성하듯이

사금^{砂金}은 정련되길 싫어하지 않아,
알갱이 모여서 무거워지고
이글거리는 용광로에서 물건이 완성되어,
인간 세상 귀한 보물로 일컬어지네.

沙裏淘金不厭精, 一纖收積百勻盈.
洪爐鎔化成全器, 贏得人間重寶名.

이진상, 《한주집》, 〈술학자경〉 내 '선소필위'

중년이 되면 나를 중심으로 많은 관계가 성립됩니다. 달다고 삼키고 쓰다고 뱉을 수 없는 수많은 관계들이 내 앞에 과제로 남아 있습니다. 젊어서는 '이 뭣고?'가 화두였다면 이제는 '이를 어찌할고?'가 화두가 된 셈입니다. 내 존재에 대한 고민보다 내 현실에 대한 책임이 더 무겁습니다. 더구나 이제는 누구의 지시를 받아 하라는 대로 하면 되는 나이가 아닙니다. 오히려 책임 있는 결정을 내리고 문제를 해결해야 하는 나이입니다. 이때 필요한 것이 선을 쌓아가면서 자신을 단련하고, 경험과 지혜를 바탕으로 상대를 포용하고 무리를 모으는 일입니다.

조선 후기 학자 이진상李震相(1818~1886)의 《한주집寒洲集》〈술학자경述學自警〉에는 '선소필위善小必爲'라는 작품이 실려 있습니다. 선소필위는 선은 작더라도 반드시 행한다는 뜻입니다. 이 작품에서는 선을 행하는 모든 행위가 모여 훌륭한 결과를 완성함을 이야기하고 있습니다. 선을 행하는 과정에서의 모든 어려움을 극복하고 부단히 자신을 단련하다 보면 귀한 존재가 될 수 있다는 것입니다. 수많은 금가루들이 용광로 속에서 액체가 될 때까지 자신을 녹여 보물 같은 그릇 하나를 완성하듯이, 선한 행위를 쌓아가고 모든 고난을 성숙해지는 재료로 삼는다면 귀한 사람으로 거듭날 것이라고 확신합니다.

무언가 소중한 것이 완성되려면 그 사이에 꼭 겪어내야

할 어려운 고비들이 있습니다. 그 고비들을 잘 넘기는 과정에서 우리는 소중한 존재가 되어갑니다.

《논어》〈자한子罕〉에는, "날씨가 추워진 다음에야 소나무와 잣나무가 뒤늦게 시든다는 것을 알게 된다"는 공자의 말이 있습니다. 어려움을 잘 견뎌냈을 때 자신의 진가를 발휘하게 되는 것입니다. 그러니 아픔도 성숙해지기 위한 소중한 재료로 여기는 마음이 필요합니다. 수많은 단련을 통해 과거의 나를 완전히 녹이고 새로워져야 내면이 단단해지고 시선이 또렷해진 '사람 보물'이 될 수 있습니다.

새롭게 다시 태어난 사람 보물이 되면 흔들리는 사람들이 그를 찾아와 쉬고, 갈 길을 묻습니다. 그렇게 해서 흔들리던 사람들도 아픔을 극복하고 내면이 단단해진 사람 보물이 됩니다. 경험과 지혜를 갖춘 사람 보물이 많아지면, 이 세상에 쉼터와 나침반이 많아져 사회가 편안해지고 순리대로 흘러갈 것입니다. 삶이 녹록지 않으니 보물을 만들 재료는 충분합니다. 나를 녹여 정련하겠다는 결심과 행동만이 남아 있을 뿐입니다.

고요하되
흐릿해지지 않아야 한다

정좌靜坐는 학문적 진보를 이루는 가장 유력한 방법이다. 반드시 재계하고 엄숙한 태도로 한다. 눈을 감고[선가禪家에서는 눈을 감으면 반드시 정신이 어두워져 잠에 빠질 거라 여겨 가장 꺼리는데, 그렇게 여길 만한 뜻이 있다. 코끝을 내려다보면서 움직이지 않는 것도 좋다.] 손을 모으고 사당에 있을 때나 엄친嚴親을 뵐 때처럼 한다. 정신을 맑게 하고 고요하게 있으면서 흐릿해지지 않아야 한다. 뜻이 움직일 때에는 무슨 생각을 하고 있는지를 바라보고 마땅치 않은 것이면 끊어내고, 마땅한 것이면 거기에 머물며 도道를 다하다가 얼마 지나서는 전대로 고요하게 있어야 한다.

靜坐最有力於進學. 必齋明肅莊. 閉目[禪家最忌閉目, 謂必

昏睡, 亦有意見. 下視鼻端不妄動, 亦自好.] 拱手, 如在神祠, 如見
嚴君, 惺惺寂寂, 不昧不昏. 情動則觀其所思如何, 不合宜
則遏而絶之, 合宜則處之盡其道, 旣已則依舊靜寂.

홍대용, 《담헌서》, 〈자경설〉

인생이란 여정에서 반환점을 돌고 나면 양적인 성장보다 질
적인 성장에 삶의 방향을 두게 됩니다. 남은 삶에서 무게를
두어야 할 것과 가볍게 흘려보내야 할 것을 구분할 줄 알아
야 삶에서 의미 있는 부분에 집중하고 나답게 잘 살아갈 수
있습니다. 이젠 마음을 경건하게 갖는 노력을 기울일 때입
니다.

조선 후기 실학자 홍대용洪大容(1731~1783)의 《담헌서湛軒書》
에 실린 〈자경설自警說〉에서는 학문의 진보를 위해 '정좌'가 필
요함을 강조하고 있습니다. 정좌는 불가佛家에서 중요시하는
수행인 좌선坐禪과 통합니다. 바른 자세로 앉아서 들고 나는 숨
을 지켜보며 마음의 본원을 느끼는 수행 방법이 바로 좌선입
니다. 행할 때와 머물 때, 앉아 있을 때와 누워 있을 때, 말할
때와 침묵할 때, 움직일 때와 가만히 있을 때 사람이 숨 쉬는
한 어느 때고 마음을 챙기는 일이 필요한데, 그렇게 할 수 있

는 힘을 길러주는 것이 정좌라고 할 수 있습니다.

　존재의 본원을 탐구하는 옛 학문에서 사물의 이치를 궁구하는 궁리窮理 공부와 도덕 수양을 위한 거경居敬 공부는 새의 양 날개처럼 나란히 두 축을 이루었는데, 정좌는 이 두 공부 모두에 힘을 실어줍니다. 요즘 공부는 주로 지식을 얻는 것을 말하지만 옛 선인들의 공부는 내면 성찰과 진리 탐구를 함께 하는 것이었습니다. 이 공부를 통해 나와 세계의 관계를 인식하고, 나와 세계가 하나가 되는 경건한 경험을 하고, 이를 바탕으로 삶 속에서 진리를 구현하기 위해 노력했습니다.

　우리 마음은 본래 잔잔하지만, 잔잔한 물결 위에 바람이 불어 파문이 일 때가 있습니다. 이때 비록 바람이 불어 물결이 치더라도 이 바람은 지나갈 것이고 물은 다시 잔잔해질 것이라는 것만 명심하면, 다시 고요한 때를 맞게 됩니다. 호흡을 통해 내면의 힘을 유지하면 외부에서 일어나는 일들에 크게 휘둘리지 않을 수 있고, 모든 것을 관통하는 근원적 상태를 느낄 수 있습니다.

　《논어》〈이인里仁〉에 공자가 제자 증삼曾參에게 한 말이 있습니다.

　"나의 도는 하나의 이치로써 모든 일을 꿰뚫고 있다."

　모든 일을 꿰뚫을 수 있는 그 하나의 이치가 무엇일까요? 이제는 고요히 앉아 호흡하며 이것을 공부할 때입니다.

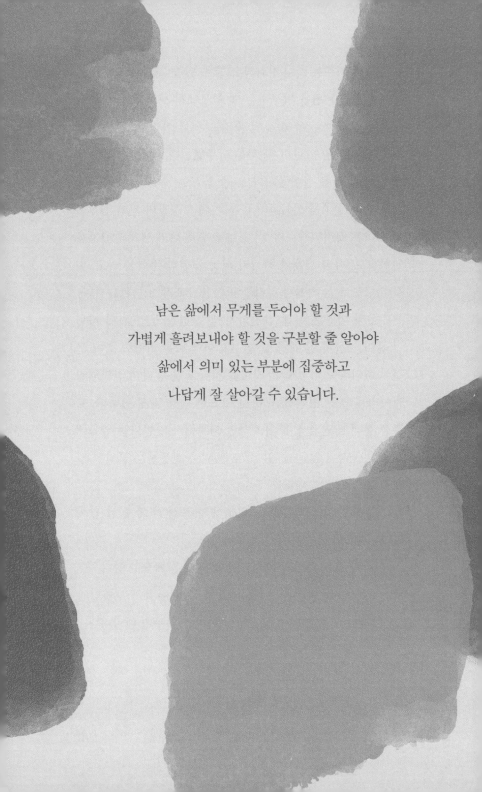

남은 삶에서 무게를 두어야 할 것과
가볍게 흘려보내야 할 것을 구분할 줄 알아야
삶에서 의미 있는 부분에 집중하고
나답게 잘 살아갈 수 있습니다.

묵은 잘못을 씻어내기 위해
필요한 공부

다년간 물욕에 빠져 정신이 어지러워져
깨닫고 난 후에도 여전히 취한 사람 같네.
이제 나는 경敬을 마음의 주인으로 삼아
묵은 잘못 씻어내어 다시 새로워지리라.

多年物誘亂心神, 悟後猶如宿醉人.
吾將敬以爲心主, 蕩滌陳邪更致新.

이서, 《홍도유고》, 〈자경〉

나이 들어 특히 경계해야 할 것이 있다면 무엇일까요? 조선 후기 학자 이서李漵(1662~1723)의 《홍도유고弘道遺稿》에 실린 〈자경自警〉에는 다년간 물욕에 빠진 자신의 모습을 반성하는 내용이 있습니다. 그는 자신의 과오를 알아차린 후에도 곧바로 바뀌기 어렵다는 것을 깨닫고, 오래된 잘못을 씻어내기 위해 경敬 공부를 하리라 다짐합니다.

욕심을 씻어내려면 욕심이 싹트기 이전으로 마음을 돌리는 힘이 필요합니다. 이때 필요한 것이 경 공부입니다. 경 공부는 마음을 하나로 모아 다른 일에 휘둘리지 않는 것을 말합니다.

사람이 사는 데 있어서 욕심이 없을 수는 없습니다. 욕심이 있어야 목표도 생기고 의지도 생기고 실행력도 생기니, 무언가를 하려면 욕심이 있어야 합니다. 다만 무엇에 욕심을 내느냐가 문제입니다. 나이 들면서 돈과 지위와 명예처럼 자신을 내세우는 것에 지나친 욕심을 내는 경우를 종종 봅니다. 그런데 겉치레에 신경 쓰느라 참된 모습을 망각하고 살다 보면 주위에 마음을 나눌 수 있는 친구는 다 사라지고 내면이 허해져 인생을 허무하게 끝내고 맙니다.

욕심을 좋은 방향으로 내면 지혜로운 사람이 되어 선한 영향을 미칠 수 있지만, 욕심을 잘못된 방향으로 내면 추한 사람이 되어 패가망신할 수도 있습니다. 그래서 욕심이 날 때는 그 욕심이 내도 될 만한 것인지를 판단해야 합니다. 그리고 이건 아니다 싶을 땐 용감하게 벗어나야 합니다.

《논어》〈계씨季氏〉에는 공자가 나이에 따라 경계해야 할 것에 대해 이야기한 내용이 있습니다. "군자에게는 경계해야 할 것이 세 가지가 있다. 젊을 때는 혈기가 아직 정해지지 않은 때이므로 경계해야 할 것이 여색에 있고, 장성해서는 혈기가 한창 강한 때이므로 경계해야 할 것이 싸움에 있고, 늙어서는 혈기가 이미 쇠한 때이므로 경계해야 할 것이 욕심에 있다"라고 한 것입니다.

공자는 나이 들어서 경계해야 할 것으로 욕심을 들었습니다. 가정에서나 사회에서나 큰 영향력을 행사하는 때이므로 욕심을 조심하도록 한 것입니다. 윗물이 맑으면 아랫물이 맑지만 윗물이 흐리면 아랫물도 흐려집니다. 나이 들어서 욕심 내는 것이 더욱 위험한 이유입니다.

순임금은 누구이고, 나는 누구인가를 생각하며 순임금처럼 되기를 꿈꾸는 정도라면 얼마든지 욕심을 내도 되겠지요. 하지만 인격을 닦는 것이 아닌, 물욕과 인정욕에 욕심을 낸다면 끝내 편안한 자기 마음 하나도 얻지 못할 것입니다.

깊이 잠겨 그 말씀 외면
시원스레 미혹을 떨칠 수 있네

성현들은 이미 이 세상에 없지만
그들이 남긴 가르침은 책 속에 있네.
깊이 잠겨 그 말씀 외면
시원스레 미혹을 떨칠 수 있네.
그 누가 예와 지금이 다르다 말하는가?
천년이라는 시간적 거리가 느껴지지 않네.
좋은 시절 허송세월한 것이 후회스럽고,
늘그막에 힘쓰려니 어렵기만 하지만,
그대 위무공衛武公*을 보라.
아흔이 넘어서도 억시抑詩를 지어 경계하였네.

聖賢旣已歿, 遺訓在簡策.

潛心誦其言, 窹然開迷惑.

孰云古今異, 千載如不隔.

良時悔虛度, 遲暮難自力.

君看衛武公, 九十猶抑抑.

김상헌, 《청음집》, 〈자경〉

조선 중기 문신 김상헌金尙憲(1570~1652)의 《청음집淸陰集》에 실
린 〈자경自警〉에서는 나이 들어 공부하려니 지나간 시간을 헛
되이 보낸 것 같아 후회스럽지만, 그래도 성현의 가르침이
남아 있어 미혹을 떨칠 수 있음을 다행으로 여기고 있습니
다. 그는 이제 성현은 이 세상에 없지만 성현의 글은 남아 있
어 오랜 시간이 지난 지금에도 여전히 빛을 드리우고 있다고

• 춘추 시대 위나라의 임금이다. 그는 나이가 95세
였는데도 나라에 경계하기를, "경卿으로부터 사師,
장長, 사士에 이르기까지 진실로 조정에 있는 자들
은 내가 늙었다 하여 나를 버리지 말고 반드시 아
침저녁으로 공손히 하고 조심하여 서로 나를 경계
하라"라고 하고, 마침내 〈억抑〉이라는 시를 지어
스스로 경계하였다고 한다. 《시경》〈억〉)

말합니다.

수천 년의 세월 동안 빛바래지 않는 고전을 통해 우리는 늘 정신을 가다듬을 수 있고, 마음의 고향에 바로 가닿을 수 있습니다. 헝클어진 나의 생각을 정돈해주고, 치솟는 감정들을 차분히 가라앉혀 길 잃은 정신을 제자리로 되돌려주니, 경전을 읽는 일은 고향에서 지내는 것처럼 마음 편안한 일입니다.

옛글을 읽고 '그 옛날에 쓴 글인데, 어쩌면 이렇게 마음에 와닿을까?'라는 생각을 많이 합니다. 그것은 옛글에 담긴 통찰이 시대를 뛰어넘는 보편적 가치를 지녔기 때문입니다. 오늘날엔 예전과는 비교할 수 없을 정도로 많은 정보를 접하지만 통찰이 빛나는 글들은 역시 옛글에서 더 많이 볼 수 있는 것 같습니다. 이런 글이 없다면 모를까, 있는데도 알지 못하여 삶의 방향을 잃고 헤맨다면 안타까운 일입니다.

《논어》〈술이述而〉에, "하늘이 나에게 몇 년만 더 오래 살게 하여 《주역》 공부를 마칠 수 있게 해주신다면, 큰 허물이 없게 할 수 있을 것이다"라고 한 공자의 말씀이 보입니다. 공자 같은 성인도 삶이 끝나는 그날까지 학문하려는 뜻을 지킨 것을 알 수 있습니다.

공부하기에 늦은 때란 없습니다. 내 삶을 아끼는 만큼 정신을 가꾸어나가야 합니다. 위 무공은 죽음에 가까워진 95세에도 자신을 가꾸기 위해 정성을 다했습니다. 그래서 산 위에 우뚝 선 나무처럼 후세 사람들이 우러르는 존재가 되었습니다. 이제 우리는 어떤 어른이 될 것인지 생각하고 계획을 세워가야 하겠습니다.

눈을 감는 순간까지
모든 것이 공부이니

독서와 학문은 한결같이 이치를 밝히는 것에 힘써야 하며, 많이 아는 것을 자랑하는 데 뜻을 두어서는 안 된다.

마음가짐과 일 처리는 한결같이 이치를 따르는 것을 위주로 해야 하며, 남을 기쁘게 하는 데 뜻을 두어서는 안 된다.

현자賢者를 존경하고 벗을 사귐은 반드시 정성스럽고 미덥게 해야 하며, 사심을 가지고 공손하게 굴거나 구차하게 용납받을 마음을 먹어서는 안 된다.

사람을 대하고 사물을 접함은 반드시 관대하고 이해심 있게 해야 하며, 서로 비교하거나 완벽함을 요구하는 마음을 먹어서는 안 된다.

분노를 징계하고 욕망을 막는 것은 일이 일어난 뒤에 제

어할 뿐만 아니라, 평소 공부하는 때에 강론하여 밝혀서 분노와 욕망이 어디에서 비롯되는지를 알아야 한다.

개과천선改過遷善은 보고 들은 뒤에만 할 것이 아니라, 평소 마음을 잡아 간직하는 때에 안으로 성찰하여 그 선과 악이 있는 곳을 살펴야 한다.

讀書講學, 一以明理爲務, 而不以誇多爲意.
處心行事, 一以循理爲主, 而不以悅人爲意.
尊賢取友, 必以誠信, 而毋以私恭苟容爲心.
待人接物, 必以寬恕, 而毋以犯校責備爲心.
懲忿窒慾, 不但制之於已發之後, 當講明於平日論學之際, 以知其忿慾之所自.
遷善改過, 不但治之於見聞之後, 當內省於平日操存之際, 以察其善惡之所在.

정개청, 《우득록》, 〈자경〉

조선 중기의 문신 정개청鄭介淸(1529~1590)의 《우득록愚得錄》에 실린 〈자경自警〉에서는 학문과 마음가짐, 인간관계와 감정 등 안과 밖을 닦는 방법에 대해 말하고 있습니다.

공부에는 여러 가지가 있는데, 이 모두를 종합적으로 다 잘 해내는 것이 중요합니다. 독서하고 강학하는 일, 마음가 짐을 잘 먹고 이치에 따라 일하는 일, 현자를 존경하고 벗을 선택하는 일, 사람을 대하는 일, 감정을 절제하는 일, 잘못을 깨닫고 고치는 일, 이 모두가 공부입니다. 지식을 쌓는 공부 도 중요하지만, 이치에 맞게 일 처리하는 일도 중요하고, 인 간관계에서 정성을 다하는 일도 중요하고, 자신의 감정을 다 스리는 일도 중요하고, 잘못을 고치는 일도 중요합니다. 그 래서 눈을 감는 순간까지 삶의 모든 순간에 공부를 놓을 수 없는 것입니다.

이 공부를 버겁고 하기 싫다 여기면 괴로운 일이 되지만 기쁜 마음으로 하면 기쁜 일이 됩니다. 《논어》 첫 편이 〈학 이〉인데, 학이편의 첫 문장이 "배우고 때때로 그것을 익히면 또한 기쁘지 아니한가?[學而時習之, 不亦說乎?]"입니다. 익힐 습習 자는 새가 날기 위해 깃[羽]이 하얗게[白] 되도록 연습하 는 모양입니다. 부단히 노력하여 어제와 오늘이 다르고 매일 매일 수양이 쌓여 덕성이 높아지는 과정 또한 기쁨일 수 있 습니다.

성찰하는 일은 끝없이 자신에게 질문을 던지는 일입니 다. 정개청 선생은 자신을 향해 수많은 질문을 던졌습니다.

이치를 알기 위해 독서를 하는가, 알고서 자랑하기 위해 독서를 하는가?

이치에 따라 움직이는가, 남의 비위를 맞추기 위해 움직이는가?

진심을 다해 현자賢者를 존경하고 벗들에게 신의를 지켰는가?

남에게 많은 것을 요구하지 않고 너그러운가?

화가 나고 욕심이 날 때, 그것이 어디에서 비롯되는지 알아차릴 수 있는가?

내 안에 있는 잘못을 들여다보고 고치는 일을 평소에 늘 할 수 있는가?

자신을 사랑하는 사람만이 자신을 향해 질문을 할 수 있습니다. 자신을 사랑하는 사람이 자신을 성찰하고 뜻 맞는 벗들과 생각을 나누면서 안과 밖을 부단히 갈고 닦으면, 결국 새처럼 가볍게 자신의 하늘을 날 수 있습니다. 수많은 날갯짓을 통해 하늘을 훨훨 날 수 있으니, 또한 기쁘지 않겠습니까?

해는 저무는데
갈 길이 머네

빛나는 경전들

이것이 참으로 나의 짝이네.

머리가 하얗게 센 지금

그 밖에 다시 무엇을 구하겠는가.

해는 저무는데 갈 길이 머니

오로지 그것만이 걱정이라네.

그래도 노력하면서 늙는 것을 잊고 지내며

죽고 난 뒤에나 그만두려네.

黃卷之粲然兮, 是眞我儔兮.

白髮之皤然兮, 他復何求兮.

懍日暮而道遠兮, 唯此其憂兮.

尚侃焉而忘老兮, 死而後休兮.

윤증, 《명재유고》, 〈방안명〉

조선 중기 학자 윤증尹拯(1629~1714)의 《명재유고明齋遺稿》에 실
린 〈방안명方案銘〉은 네모난 서안書案에 다짐하는 바를 새긴 글
이라는 뜻입니다. 이 글에서 저자는 머리가 센 자신의 모습
을 보며 학문적으로 갈 길은 먼데 살날이 얼마 남지 않은 것
을 안타깝게 여깁니다. 그리고 살아 있는 날까지 나이 생각
않고 경전을 짝하여 열심히 공부하고 수양하리라 다짐합니
다. 선인들은 가까이하는 기물에 글을 적어두고 수시로 보면
서 자신을 격려하였습니다.

《논어》〈술이〉에 "덕을 닦지 못하는 것과 학문을 강론하
지 않는 것과 의를 듣고서도 실천하지 못하는 것과 나쁜 점
을 고치지 못하는 것, 이것이 바로 나의 걱정거리다"라고 한
공자의 말씀도 있습니다. 공자 같은 성인도 늘 자신을 돌아
보며 성찰한 것을 알 수 있습니다.

나이 들어 고전을 읽는 것은 오래 산 사람이 더 오래된
책을 읽는 것입니다. 오랜 시간 살아온 자신의 삶의 모습을,
오랜 시간 속에서 빛바래지 않은 경전 앞에 꺼내놓고 냉정하

게 바라보는 것입니다. 애써 외면하고 쳐다보지 않았던 비루한 모습들, 자아에 갇혀 사실이 아닌데도 믿고 싶은 대로 믿으려 했던 고집스러운 모습들, 가볍게 흘려보냈어도 되는데 부여잡고 있던 묵은 감정들이 경전이라는 맑은 거울에 적나라하게 비칩니다. 경전을 읽는 것은 부족한 자기 자신을 대면하는 것입니다.

가장 규범적인 글만 실린 경전 구절 앞에 꺼내놓을 것이라곤 부끄럽고 후회스러운 것들뿐이지만, 그런 못난 감정까지도 있는 그대로 꺼내놓고 바라볼 줄 아는 것이 성찰하는 태도가 아닐까 합니다. 학문을 한다는 것은 경험과 배움을 통해 흔들리지 않는 힘을 얻는 것이기도 하지만, 흔들리는 감정을 있는 그대로 지켜보는 용기를 기르는 일이기도 합니다.

진정한 공부는 부족함을 아는 데서 시작됩니다. '내가 이렇게 부족하니, 선현의 가르침에 따라 인격을 완성해가야지' 다짐하고, 살아 있는 그날까지 멈추지 않고 해나가는 것이 공부입니다. 나이가 들었다고 끝낼 수 있는 일도 아니고, 하기 싫다고 내팽개칠 수 있는 일도 아닙니다. 오직 죽은 뒤에나 끝낼 수 있는 일이 공부입니다.

여전히 아이 같은
반백의 늙은이

머리털이 반백이니 늙은이가 아니던가?

방정맞게 지내는 건 여전히 아이 같네.

거친 말로 사람을 놀라게 하고,

세상을 도울 만한 작은 공도 못 세웠네.

술이 좋아 석 잔 이상은 마셔야 갈증이 사라지고,

시를 지었어도 제대로 된 구절 하나 남기지 못했네.

천지가 너를 수용했으니 그 덕이 얼마나 두터운가?

너 자신도 행실을 더 닦아 끝까지 잘 보내라.

班白豈非爲老翁, 飄飄日用尙孩童.

驚人只有疏狂語, 輔世曾無細小功.

嗜酒過三杯止渴, 題詩無一句全工.

乾坤容汝德何厚, 汝自加修善始終.

《동문선》수록, 이길상, 〈자경〉

세상을 살다 보면 마음에 안 드는 사람도 만나지만 마음에 안 드는 내 모습도 많이 봅니다. '내가 왜 그렇게밖에 못했을까? 좀 더 자연스럽고 여유 있게 말할 수도 있었을 텐데……' 하며 뒤늦은 후회를 합니다.

《동문선東文選》에 수록된 이길상李吉祥의 〈자경自警〉에서도 나이 들어서까지 부끄러워할 일을 하고 있는 자신을 반성합니다. 내키는 대로 말했다 남들을 놀라게 하고, 절제하라는 술은 절제가 안 되고, 지으라는 시는 잘 짓지도 못하고……. 그는 말과 행동이 제멋대로이고, 세상에 도움될 만한 무엇 하나 하지 못했다고 스스로를 돌아보며 후회를 합니다. 그리고 이런 허물 많은 자신을 수용해준 천지의 덕을 생각해 앞으로는 선을 닦으리라 다짐합니다.

《예기禮記》〈치의편緇衣篇〉에 공자가 "군자는 사람을 가르치기를 말로써 하고 사람을 삼가게 하기를 행실로써 한다. 그러므로 말은 반드시 끝에 가서 어찌될지를 생각하고 행실은 반드시 병폐가 되는 바를 상고하면, 백성들이 말을 삼가고 행실을 삼갈 것이다"라고 한 내용이 보입니다. 말과 행실에 주의를 기울이는 것은 아무리 강조해도 지나치지 않은 일입니다.

나이가 든다 해서 지혜가 저절로 자라는 것은 아닙니다. 그렇다 보니 나이 들어서도 어린아이처럼 말하고 행동하는 경우가 많습니다. 자신도 미숙하기만 한 자신의 말과 행동을 보며 마음이 쓸쓸해지고 괴로워질 수밖에 없습니다. 이 나이를 먹고서도 왜 이렇게밖에 행동하지 못할까? 마음 한편이 초라해집니다. 그러나 백세 시대에는 머리털이 반백이라 해도 살아온 만큼의 삶을 다시 살 수 있습니다. 지난날을 잘못 살아온 것이 후회된다 해도 이대로 주저앉아서는 안 됩니다.

아직은 삶이 이어지고 있고 나를 변화시킬 시간이 충분히 남아 있습니다. 하늘이 아직 나를 버리지 않고 깨우쳐주고 있으니, 하늘의 소리에 귀 기울이며 새로 받은 오늘을 잘 살면 됩니다.

돌이 쌓이면 산이,
선이 쌓이면 덕이 된다

돌이 쌓이면 산이 되고
선이 쌓이면 덕이 된다.

積石者成山, 積善者成德.

허목, 《기언》, 〈석록명〉

조선 후기 학자 허목許穆(1595~1682)의 《기언記言》에 실린 〈석록명石麓銘〉에서는 돌이 모여 산이 되듯, 선을 쌓아 덕을 이루라고 하고 있습니다.

산이 높이 솟은 것은 작은 돌 하나하나 쌓아 올린 시간이 있어서이고, 사람이 덕이 있는 것은 작은 선행을 하나하나 실천해온 시간이 있어서입니다. 작은 선행들을 하나하나 쌓아 올려 산처럼 높은 덕을 이룬 자는 그 과정 속에서 흔들리지 않는 법을 배우고, 귀한 덕을 나눌 수 있게 됩니다.

"하늘은 스스로 돕는 자를 돕는다"라는 말이 있습니다. 《중용장구》에도 "하늘이 만물을 낼 적에는 반드시 그 재질에 따라 돈독하게 한다. 그러므로 뿌리가 잘 박힌 것을 북돋워주고 기운 것을 엎어버린다[天之生物, 必因其材而篤焉. 故栽者培之, 傾者覆之.]"라고 하였습니다. 모두 스스로 노력하는 자에게는 하늘이 돕는 힘이 작용한다는 말입니다.

마음 먹고 실행하는 작은 행동들이 축적되면 그 축적이 성공으로 이어질 수밖에 없습니다. 그리고 선을 쌓아 덕을 이룬 사람의 영향력은 세상을 바꿀 만큼 큰 힘을 지닙니다.

《주역》건괘乾卦 문언전文言傳에는 대인大人의 도를 칭송하면서 "천지와 그 덕을 합하고, 일월과 그 밝음을 합하며, 사시四時와 그 차서次序를 합하고, 귀신과 그 길흉을 합한다"라고 하였습니다. 덕을 쌓은 사람이 천지 운행에 참여하여 세상을 변화시킬 수 있는 힘을 보여주는 말입니다.

자갈이건 돌이건 바위건 쉬지 않고 쌓아야 산이 되듯, 작은 일이건 큰일이건 꾸준히 선을 쌓아야 덕을 이룰 수 있습니다.

중년이 된 지금 내가 쌓아 올린 돌들을 돌아보아야겠습니다. 어려운 가운데서도 애쓰며 잘 살아온 것은 토닥여주고, 잘못했다 싶어 후회스러운 일들은 위로해주면서 다시 하나하나 선을 쌓아 올리면 높은 산에 새와 짐승이 모이듯 내게도 좋은 사람들이 모여들 것입니다. 이런 과정을 거친 사람들이 서로 마음을 모은다면 세상은 이해득실만 따지는 곳에서 따뜻하고 편안한 곳으로 조금씩 바뀌어갈 것입니다.

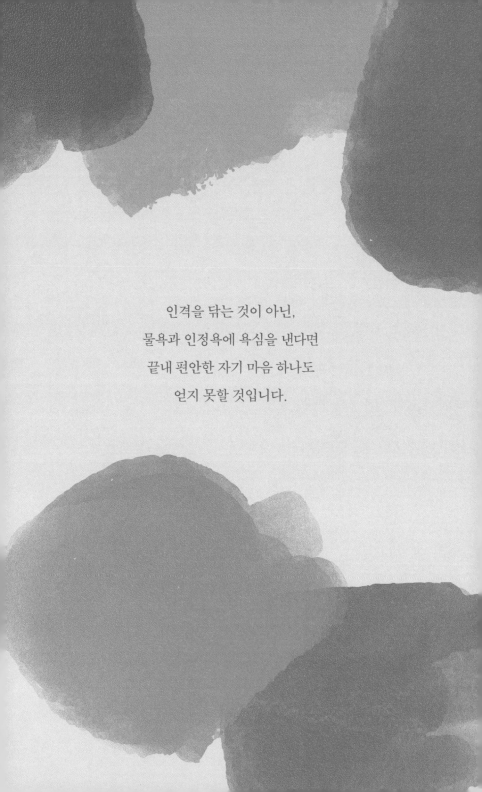

인격을 닦는 것이 아닌,
물욕과 인정욕에 욕심을 낸다면
끝내 편안한 자기 마음 하나도
얻지 못할 것입니다.

3장

적당한 거리를 두어야
중심이 잡힌다

다른 사람으로부터 나를 지킨다는 것

얼굴이 다 다르듯
그 마음도 다 다르다

세상에는 수많은 사람들 있지.
얼굴이 다 다르듯 그 마음도 다 다르네.
그러니 남들과 같아지려 하지 말고
이치와 하나 되도록 힘써야지.
남들이 꼭 틀린 것은 아니니
내가 옳다고 어찌 장담하겠나?
하늘의 밝은 명이 환히 빛나니
텅 빈 마음의 본체를 돌아보리라.
남들보다 잘났다는 생각은
성인聖人께서도 하지 않았네.
너는 하늘을 두려워하지 않고
줄곧 나만 옳다 여길 텐가?

眾有萬類, 心殊如面. 勿求人同, 同理是勉.

未必他非, 安知己是? 明命赫然, 中虛可諶.

賢知先人, 聖且不爾. 汝不畏天, 一直自是?

전우, 《간재집》, 〈신오자경〉

조선 후기 학자 전우田愚(1841~1922)의 《간재집艮齋集》에는 〈신오자경晨悟自警〉이라는 글이 있습니다. 이 글에는 어울려 사는 사회 속에서 나와 타인의 견해 차이를 이해하는 태도가 필요하며 나만이 옳다는 생각을 경계할 것에 대한 내용이 있습니다. 그는 나도 틀릴 수 있다는 것을 생각하고, 하늘의 밝은 명에 따라 마음을 돌아보라고 이야기합니다.

나이를 먹어가면서 많은 사람을 만나다 보면, '참 내 맘 같지 않구나' 하고 피로감을 느낄 때가 있습니다. '내가 옳다'는 생각은 '상대가 틀렸다'는 확신으로 이어지고, 이런 상태가 되면 상대를 존중하기 어려워집니다. 그런데 그것이 나만 그럴까요? 상대도 나를 보며 같은 생각을 할 것입니다.

그렇게 서로 다른 생각을 가진 사람이 같은 감정을 가지고 대립하는 상황에서 조화롭게 어울리며 대화하기 위해서는, 먼저 내가 옳다는 생각을 내려놓아야 합니다. 아집을 버려야 상대의 다름을 있는 그대로 받아들일 수 있고 객관적으로 판단할 수 있습니다. 생각이 다른 것을 자연스럽게 받아들이면 감정이 상하는 일이 없어 오히려 접점을 더 잘 찾을 수 있습니다. 그러나 에고를 버리지 못하고 상대의 '다름'을 '틀림'으로 보고 지적하려 들면 서로 대립하여 관계가 틀어지게 됩니다.

'저 사람은 도대체 왜 저럴까?' 싶을 때, "얼굴이 다 다르듯 그 마음도 다 다르다"라는 말을 생각하면 화낼 일이 줄어듭니다. 잔뜩 힘을 주고 있던 에고가 스르르 풀어집니다. 에고가 풀어지면 상대가 하는 말이나 행동에도 그럴 만한 이유가 있다는 것을 이해하고 수용하는 마음이 생깁니다.

《논어》〈자한子罕〉에, "공자는 네 가지 문제점이 전혀 없었다. 사사로운 뜻이 없었고, 이것만이 맞다고 주장함이 없었고, 고집함이 없었고, 나를 주장하는 마음이 없으셨다"라는 문장이 있습니다. 성인이 향하는 바는 오직 진리뿐입니다. 진리 앞에서는 어떤 이유로도 나를 고집할 이유가 없습니다.

나의 옳음이 상대와 다르고 상대의 옳음이 나와 다를 때, 잠시 떨어져 나를 비울 수 있어야 합니다. 내 생각을 관철시키기 위해 억지 주장을 펴기까지 한다면, 그때는 다른 생각이 아닌 틀린 생각이 됩니다.

터럭 한 올만 한 이익으로
평생의 누를 만들 것인가

아무도 모른다 말하지 말라.

신령이 여기에 있다.

듣는 이 없다 말하지 말라.

누군가가 벽에 귀를 대고 있다.

하루아침의 분노로

평생 지우지 못할 흠을 만들고

터럭 한 올만 한 이익으로

평생 가져갈 누를 만든다.

남들과 서로 간섭하면

괜히 다툴 일만 생기지만

내 마음을 평화롭게 간직하면

자연히 아무 문제도 없어진다.

勿謂無知, 神鬼在玆. 勿謂無聞, 耳屬于垣.

一朝之忿, 平生成釁. 一毫之利, 平生爲累.

與物相干, 徒起爭端. 平吾心地, 自然無事.

권필, 《석주집》, 〈자경잠〉

조선 중기 학자 권필權韠(1569~1612)의 《석주집石洲集》에 실린 〈자경잠自警箴〉에는 내 마음을 평화롭게 간직하지 못하고 서로 간섭하는 데서 다툼이 생긴다고 본 내용이 있습니다. 그는, 남들과 섞이다 분노를 참지 못하면 그것이 하늘의 귀에 들어가 내 평생의 흠이 되고, 이익만 꾀하면 그것이 하늘의 귀에 들어가 내 인생에 누가 되니 흠을 남기기 싫다면 분노를 잘 수용해야 하고, 누를 남기기 싫다면 이익을 버리고 의리를 찾아야 한다고 말하고 있습니다.

살다 보면 좋은 만남, 좋은 경험만 쌓이는 것이 아니라 고약한 만남, 괴로운 경험도 함께 쌓입니다. 이럴 때 감정을 잘 다루어야 하는데, 특히 화와 욕심이 이는 것을 조심해야 합니다. 화는 상대에게 닿기 전에 나를 먼저 집어삼키고, 욕심은 지금 이 자리에서 누릴 수 있는 행복을 잊게 만듭니다. 화와 욕심을 조절하지 못하면 결국 자기 생명력이 약해집니다.

중국 송나라 때 학자 진덕수眞德秀의 《심경부주心經附註》에 실린, 〈징분질욕장懲忿窒慾章〉은 분함을 다스리고 욕심을 막는다는 뜻을 가졌는데, 여기에 성리학자 이천伊川 정이程頤 선생이 제자 장사숙張思叔에게 말씀한 이야기가 있습니다.

이천 선생이 "나는 기를 매우 박하게 타고났는데 서른에 점차 강성해져서 마흔, 쉰 이후에 완전해졌다. 지금 일흔두 살이 되었는데 근골이 한창때에 비해 못하지 않다" 하였습니다. 이 말을 들은 장사숙은 "선생께서는 허약한 기를 타고났는데, 어떻게 강하게 생명력을 지키셨습니까?"라고 되물었습니다. 그러자 선생이 묵묵히 계시다가 "나는 생명의 힘을 망각하고 욕심을 따르는 것을 매우 수치스럽게 여긴다"라고 답하였습니다.

기운이 쇠하는 것이 꼭 나이 탓만은 아닙니다. 뜻하지 않은 상황을 맞더라도 욕심을 따르지 않고 생명력을 잘 기른다면 한창때 못지않게 기운차게 지낼 수도 있습니다. 내 기운이 달리고 정신이 어지러울 때에는 화로 인해 잘못 판단한 것은 아닌지, 욕심으로 인해 집중력이 흐트러진 것은 아닌지 점검해보아야겠습니다.

내 마음이 평화롭지 못하면 남들과 조화롭게 지낼 수 없음은 물론이고 자기 자신과도 잘 지낼 수 없습니다.

친구가 없다고
한탄할 것 없다

친구가 없다고 한탄할 것 없다.
책 속에서 천지^{天地}를 유람할 수 있으니.
책이 없으면 구름과 노을이 나의 벗이 된다.
구름과 노을이 없으면 저 하늘을 날아가는 갈매기에 내
마음을 건네면 된다.
날아가는 갈매기가 없으면 남쪽 마을 회화나무를 보며
정을 들이면 되고,
원추리 잎새 사이의 귀뚜라미를 보며 기뻐하면 된다.
내가 사랑해도 그가 의심쩍어하지 않는다면
모두 나의 좋은 친구이다.

不須歎無友, 書帙堪輿遊. 無書帙, 雲霞吾友也. 無雲霞, 空

外飛鷗, 可托吾心. 無飛鷗, 南里槐樹, 可望而親也. 萱葉
間促織, 可玩而悅也. 凡吾所愛之而渠不猜疑者, 皆吾佳
朋也.

이덕무, 《청장관전서》, 〈선귤당농소〉

나이가 들수록 혼자가 되는 것을 두려워하면 안 됩니다. 외
롭다 하여 타인에게 의존하거나 무리지어 다니는 것은 외로
움을 떨치는 좋은 방법이 아닙니다.

조선 후기 실학자 이덕무李德懋(1741~1793)의 《청장관전
서靑莊館全書》에 실린 〈선귤당농소蟬橘堂濃笑〉에서는 친구가 없다
고 한탄하지 말라고 하며 혼자서도 외롭지 않게 사는 법을
일러줍니다. 책이 있고 자연이 있으니, 이를 통해 마음의 정
을 나누면 모두가 벗이 될 수 있다고 말합니다. 책, 구름과 노
을, 하늘을 날아가는 갈매기, 남쪽 마을 회화나무, 원추리 잎
새 사이의 귀뚜라미 등 저자의 눈길 닿는 곳에 있는 모든 것
들이 사랑스럽게 느껴집니다. 이덕무는 실제로 책을 아주 좋
아하여 '책만 보는 바보'라는 뜻의 '간서치看書癡'로 불리었다
고 합니다.

이덕무가 친구 없는 것을 한탄할 것 없다고 했는데, 《주

역》〈대과괘大過卦 상象〉에도 "홀로 서서 두려워하지 않으며 세상을 피하여 은둔하여도 근심하지 않는다"라는 내용이 있습니다. 관계 속에서 살아갈 수밖에 없는 것이 인간이지만 그것이 뜻대로 되지 않을 때에는 두려움 없이 세상을 피해 홀로 설 수도 있어야 함을 이야기하고 있습니다. 속마음을 나눌 수도 없으면서 그저 혼자라는 느낌이 싫어서 찾는 관계, 관심인 척 간섭을 늘어놓는 사람과 어쩌지 못해 이어가는 관계는 오히려 나의 에너지를 빼앗고 자존감을 떨어뜨립니다. 잘못된 관계를 지키느라 서로의 삶을 피곤하게 하는 것보다는 차라리 혼자서 자연과 벗하는 것이 훨씬 낫습니다.

인생에서 우리가 진정으로 성장하는 때는 사실 혼자일 때가 많습니다. 누구에게 기대지 않고, 누군가의 말에 휘둘리지 않고 오직 나에게만 집중해 마음의 힘을 기를 때 사람은 내적으로 더 단단해집니다. 타인에게 맞추느라 자신의 주체성을 잃을 정도가 된다면 그것은 내 삶을 잃는 일이기도 합니다. 타인과 적당한 거리를 유지하며 홀로 있는 시간에는 온전히 나 자신으로 돌아갈 수 있어야《주역》에서 말한 것처럼 근심하지 않을 수 있습니다.

내가 나 자신으로 돌아갈 때, 주위를 둘러보면 나와 함께할 좋은 친구가 많이 있습니다. 홀로일 때도 외롭지 않게 해주는 책, 나무, 새, 구름, 바람, 햇살……. 자연 속에는 내가 먼저 마음을 열면 내 곁에서 마음을 달래줄 좋은 친구가 항상 있습니다. 이 친구들로 인해 홀로 서도 두렵지 않고, 세상을 떠나 있어도 근심하지 않을 수 있습니다.

박절한 마음은
본래 마음이 아니네

사람은 후덕함을 타고나니
박절한 마음은 본래 마음이 아니네.
오늘부터는 경계하여
매섭게 대하는 일이 없도록 해야지.

人生稟厚德, 迫切非良心.
戒自今而後, 毋爲事峻深.

정개청, 《우득록》, 〈유회어박절이자경〉

조선 중기 학자 정개청의 《우득록》에 실린 〈유회어박절이자경有悔於迫切而自警〉은 남들에게 박절하게 군 것을 후회하며 스스로 경계할 것을 다짐한 글입니다. 그는 박절한 마음은 본래 마음이 아닌데도, 후덕한 본래 마음을 이기고 나오는 것을 후회하며 앞으로는 사람을 너무 준엄하게 대하지 않겠다고 다짐합니다.

자기의 의사를 전달할 때 좋게 말해도 받아들여지지 않으면 차갑게 대하는 태도가 '박절함'입니다. 이런 태도는 자기 의사 표현은 확실히 할 수 있을지 모르나 상대에게 상처를 줄 뿐 아니라 자신의 덕을 해치기도 합니다.

당장 답답함을 해소하기 위하여, 혹은 내 말만 들으면 결과가 좋을 것이 분명하다고 과신해서, 입에서 나오는 대로 박절하게 말할 때가 있습니다. 근래에는 이를 이른바 '팩트폭격', '뼈 때린다'라고 표현하기도 하는데, 이런 일은 보통 허물이 없다고 생각하는 사이에서 더 자주 일어납니다.

그런데 말한 사람은 사실을 짚어준다고 박절하게 말하는지 몰라도, 듣는 사람은 감정이 상해 그 말의 내용이 무엇이건 간에 받아들이기가 싫어집니다. 도움을 주겠다고 한 말이 관계를 더 멀어지게 만드는 것입니다. 아무리 좋은 말이라도 상대가 그것을 받아들일 준비가 되어 있지 않을 때에는 함부로 이래라저래라 해서는 안 됩니다. 묵묵히 때를 기다려야 합니다.

《논어》〈공야장公冶長〉에 말 잘하는 것과 관련된 내용이 있습니다. 어떤 사람이 공자의 제자 염옹冉雍을 두고 "어질기는 한데 말을 잘 못한다"고 하자, 공자가 되물었습니다. "말 잘하는 것을 어디에 쓰겠는가? 말재주 있는 것으로 남을 막다가 자주 남에게 미움을 사니, 그가 어진 줄은 모르겠으나 말 잘하는 것을 어디에 쓰겠는가?"

'토론 배틀'이라 하여 박절한 말로 상대를 제압하여 기세를 꺾어버리는 것을 시원스럽게 여기는 시대이지만, 공자는 '말 잘하는 것을 어디에 쓰겠는가?'라고 하며 말재주를 도리어 안 좋게 평가했습니다. 공자는 오히려 어눌한 것을 더 높이 샀습니다. 그것이 후덕함에 더 가깝기 때문입니다.

대화의 목적이 상대를 변화시키는 것이라면 이른바 '팩트 폭격'보다는 가만히 일러주는 것이 더 효과적일 것입니다. '나 잘났소' 하며 가르치려 들기보다는 '내가 잘 모르지만'이라고 하면서 스스로를 낮추어 조심스럽게 다가가는 것이 상대를 설득하고 마음을 얻기 더 좋은 방법입니다.

나의 도리는 무겁고
남들의 비난은 가볍다

자신의 도리는 아주 무겁고 남들의 비난과 비웃음은 아주
가볍다. 남들의 비난과 비웃음이 두려워, 제 뜻을 굽혀 남
을 따라가면서 자신의 도리를 살피지 않는다면 어떻게 되
겠는가?

自己道理至重, 他人非笑至輕.
若畏人非笑而曲意流徇,
不顧自己道理, 則何如哉?

민우수, 《정암집》, 〈잡지〉

우리는 나의 뜻이 더 중요하다고 머리로는 생각하면서도 남의 평가에 연연해하며 은근히 신경쓸 때가 많습니다.

조선 후기 학자 민우수閔遇洙(1694~1756)의《정암집貞菴集》에 실린 〈잡지雜識〉에서는 남들로부터 비난을 받는 어려움에 처했을 때 자신의 도리를 다하며 중심을 잡을 것을 이야기하고 있습니다. 가벼운 남의 평가 때문에 무거운 나의 뜻을 뒷전으로 미룬다면 삶은 차츰차츰 남의 손아귀에 들어가 남의 뜻에 휘둘리게 된다고 말합니다.

내 인생에서 중요한 일들이 내 의지대로 움직이지 않으면 마음이 위축되고, 내 의지와는 상관없는 일이 언제 또 생길지 몰라 불안해지게 됩니다. 내가 내 삶을 관리할 수 없는 상태가 되면 이로 인해 생각지도 못한 사이에 곤경에 빠질 수 있습니다.

나이가 불혹이 넘어 지천명에 가까워지면 자기 안에 자기대로 보고 느낀 바가 축적되어 있습니다. 그러니 두려워해야 할 것은 내 뜻을 파악하지 못하고 내 의지대로 삶을 이끌지 못하는 것이지, 내 행동에 대한 남의 비난과 비웃음이 아닙니다. 게다가 내가 비난과 비웃음을 받는 것이 꼭 그럴 만한 이유가 있어서가 아닌 경우도 많습니다. 내 상황을 있는 그대로 바라보고, 내 감정을 있는 그대로 수용해주면서 다시 마음을 추스르면 내 안에 중심이 서서 역경을 헤쳐나갈 용기를 얻을 수 있습니다. 어려움을 이기고 뜻을 이루겠다 결심하면 상황은 그 결심에 맞추어 변화할 것입니다.

《시경》〈대명大明〉에, 무왕武王이 주왕紂王을 칠 때 사람들이 불안해할까 염려하며 한 말이 있습니다.

"의심을 갖지 말라. 상제께서 그대를 내려다보고 계시니라."

큰일 앞에서 남들이 뭐라 할까를 생각한다면 아무것도 할 수 없습니다. 무왕이 주왕을 칠 때에도 남들이 어떻게 생각할지, 결과가 어떻게 될지를 걱정했다면 뜻을 이룰 수 없었을 것입니다. 무왕은 그런 확신으로 사람들의 불안을 잠재우고 결국 뜻한 바를 이루었습니다.

하늘에 물어 떳떳한 것이라면 남들이 뭐라고 하든 두려워할 게 못됩니다. 나의 뜻은 무거운 것이고 남의 평가는 가벼운 것입니다.

헛된 비방 앞에
자신을 변명하지 말 것

나를 비방하는 자가 있으면 반드시 돌이켜 자신을 살펴보
아야 한다.

만일 내가 정말 비방을 받을 만한 행동을 한 적이 있다면
스스로 꾸짖어 고치기를 꺼리지 말아야 한다.

만일 나의 잘못이 매우 적은데 그가 보태어 말했다면 그
의 말이 지나쳤더라도 나에게 실로 비방을 받을 근거가
있었으니, 역시 전날의 잘못을 철저하게 끊어 털끝만큼도
남기지 말아야 한다.

만일 나에게는 본래 허물이 없는데, 헛된 말을 지어낸 것
이라면 그는 망령된 사람일 뿐이니 망령된 사람과 어찌
허실虛實을 따지겠는가?

헛된 비방은 바람이 귓가를 스치고 구름이 허공에 떠 있

는 것과 같으니 나와 무슨 상관이 있겠는가? 이러고 보면
비방을 받았을 때 내게 허물이 있으면 고치고, 없으면 허
물을 안 짓도록 더욱 힘쓸 것이니, 나에게 유익하지 않은
것이 없다.

만일 그런 비방을 듣고 자신을 변명하기에 바쁘고 자기가
허물이 없는 사람이 되고야 말겠다고 한다면, 그 허물은
더욱 깊어지고 비방은 더욱 심해질 것이다.

옛날에 어떤 이가 비방을 그치게 하는 방법을 물으니, 문
중자文中子•가 "자신을 수양하는 것만 한 것이 없다" 하였
고, 그 사람이 더 말해줄 것을 청하자, "변명하지 않는 것
이다" 하였다. 이 말이 배우는 자의 법이 될 만하다.

人有毀謗我者, 則必反而自省. 若我實有可毀之行, 則自
責內訟, 不憚改過. 若我過甚微, 而增衍附益, 則彼言雖
過, 而我實有受謗之苗脈, 亦當劃鋤前愆, 不留毫末. 若我
本無過, 而捏造虛言, 則此不過妄人而已, 與妄人何足計
較虛實哉? 且彼之虛謗, 如風之過耳, 雲之過空, 於我何與

•   중국 수나라의 유학자 왕통王通을 말한다. 조정에
     서 물러나 몸소 농사를 지으며 생활했는데, 그를
     찾아와 배우고자 하는 이가 1,000여 명이 넘었다
     고 한다. 《자치통감資治通鑑》 권179 〈수기隋記〉)

哉? 夫如是則毁謗之來, 有則改之, 無則加勉, 莫非有益於
我也. 若聞過自辨, 曉曉然不置, 必欲置身於無過之地, 則
其過愈深, 而取謗益重矣. 昔者, 或問止謗之道. 文中子曰:
"莫如自修." 請益, 曰: "無辨." 此言可爲學者之法.

이이, 《격몽요결》, 〈접인장〉

이이의 《격몽요결》 〈접인장接人章〉에서는 살면서 누군가로부터 비방을 받거나 근거 없는 말이 돌아 어이없을 때 어떻게 대처할 것인지에 대해 이야기하고 있습니다. 이이는 남들로부터 비방을 받았을 때, 과연 내가 그러한 소리를 들을 만했는가를 먼저 헤아리라고 강조합니다.

사람은 사회적 동물이다 보니 관계로부터 자유로울 수 없습니다. 그래서 외부로부터 좋지 않은 소리를 들으면 마음을 조절하기가 힘들어집니다. 그러다 보니 비방을 받으면 위축되거나 저항하려는 마음이 들고, 그런 마음이 커지면 스스로 고통 속에 갇히고 맙니다. 밖으로 험한 경우를 겪더라도 안으로 마음을 편하게 가질 수 있는 방법은 어떤 상황에서도 법을 따르고, 자신의 덕행을 돌아보는 것입니다.

그 비방한 내용이 사실이 아닐 경우에는 말한 사람의 허물이 되지, 나의 허물이 되지 않습니다. 끊임없이 지적질을 하고, 괜히 한 번씩 속을 긁는 사람들은 주위에 있기 마련입니다. 그것은 그들의 마음이 편치 않아서이지, 꼭 나에게 문제가 있어서가 아닙니다. 그러니 남들의 이러쿵저러쿵하는 말로 인해 깊은 우울의 늪에 빠지지 않도록 주의해야 합니다. 자기 자신을 성찰해 잘못을 고쳐나가는 것만큼이나 중요한 것이 자신을 함부로 대하는 사람들로부터 스스로를 지킬 줄 아는 것입니다.

《맹자》〈이루 상離婁上〉에, "사람은 반드시 스스로 업신여긴 뒤에 남이 업신여기며, 집안은 반드시 스스로 망친 뒤에 남이 망치며, 나라는 반드시 스스로 공격한 뒤에 남이 공격하는 것이다"라는 말이 나옵니다.

누군가 나를 헐뜯을 때, 그럴 만한 이유가 없다면 내가 나를 존중하지 못한 것이 상대의 비방을 불러온 것은 아닌지 한번 점검해볼 필요가 있습니다. 남들로부터 부당한 대우를 받지 않으려면 먼저 자신을 소중히 여기고 귀하게 대접해야 합니다. 그리고 설사 사람들에게 손가락질을 받는다 하더라도 마음을 굳건히 지키는 능력을 길러야 합니다. 상대가 없는 말로 비난한다 해서 그것이 사실이 되는 것은 아니니, 속으로 '그건 네 생각이고'라고 말할 줄도 알아야 합니다. 이유 없이 끌어내리는 말을 들을 때는 '귓등'으로 듣는 것도 요령입니다.

이제 내 마음의 소리에 귀 기울이며, 남들의 말도 취할 것은 취하고 흘려보낼 것은 과감히 흘려보낼 줄 알아야 합니다. 중요한 것은 비방을 받느냐 안 받느냐가 아니라, 그 비방을 통해 내가 어떤 사람인지를 더 잘 알아가고 보다 나은 사람이 되는 것입니다.

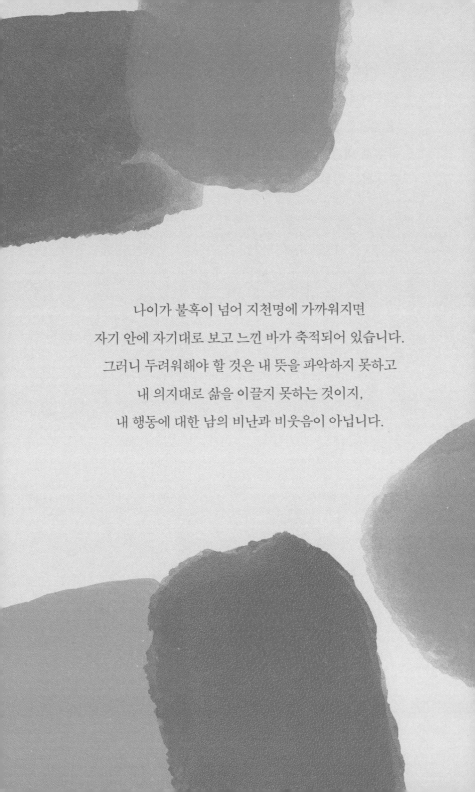

나이가 불혹이 넘어 지천명에 가까워지면
자기 안에 자기대로 보고 느낀 바가 축적되어 있습니다.
그러니 두려워해야 할 것은 내 뜻을 파악하지 못하고
내 의지대로 삶을 이끌지 못하는 것이지,
내 행동에 대한 남의 비난과 비웃음이 아닙니다.

누구나 다 기쁘게 하려는 것이
큰 병통이다

친구를 사귈 적에는 반드시 진실과 믿음으로 대해야 한다.
그의 선을 보면 마음속으로 기뻐하며 드높여주어야 하고,
그의 악을 보면 마음으로 근심하며 바로잡아주어야 한다.
반드시 나보다 나은 자에게 나아가서 인도해주기를 청
하여, 허물을 들으면 반드시 고쳐야 한다.
······

말만 잘하지 행실은 따르지 않고, 몸가짐을 삼가지 않는
자라면 반드시 가려내어 대해야 하고, 다정하게 지내서는
안 된다.
누구나 다 기쁘게 하는 것이 실로 나의 큰 병통이다.
그 결과는 반드시 싫어해야 할 자를 모두 착하게 보고,
좋아해야 할 자를 모두 나쁘게 보는 데에 이를 것이니,

어찌 두렵지 않겠는가?

대개 나 자신부터 착해지고 나서 좋아해야 할 자를 좋아하고 미워해야 할 자를 미워해야 하니, 그렇게 한다면 착한 자는 자연히 다가오고 악한 자는 자연히 멀어질 것이다.

여기에 어찌 다른 것이 있겠는가?

자신을 돌아보아 구할 뿐이라고 말할 수 있다.

朋友交際, 必誠必信, 見其善則中心喜之, 從而揚之; 見其惡則中心憂之, 從而規之, 必就其勝己者而處焉. 誘之使言, 聞過必改. …… 若言語無實持身不謹者, 必簡以待之, 不可款接. 每人悅之, 實余之大病, 其流必至於惡之者皆善而好之者皆惡, 豈非可懼乎? 大抵吾身旣善, 當好者好之, 當惡者惡之, 善者自近而惡者自遠. 豈有他哉? 亦曰反求諸己而已矣.

홍대용, 《담헌서》, 〈자경설〉

홍대용의 《담헌서》에 실린 〈자경설〉에는 친구와의 교제를 어떻게 해야 하는지에 관한 이야기가 실려 있습니다. 이 글에서는 말만 앞서지 행실은 따르지 않는 자, 몸가짐을 삼가

지 않는 자와 다정하게 지내서는 안 된다고 말합니다. 그리고 인간관계에서 모두를 다 기쁘게 하고 모두와 두루두루 잘 지내려고 하는 것이 병통이라고 말하면서, 자신부터 착해지고 나서 그 기준에 따라 좋아해야 할 자를 좋아하고 미워해야 할 자를 미워하면 자연히 좋은 사람이 모이게 되어 있다고 이야기합니다.

사회생활을 하다 보면 기질도 성격도 다른 사람들과 만나 좋든 싫든 교류를 이어가야 하는 상황이 생깁니다. 자기와는 딴판인 사람들과 교류할 때, 특히 자기가 생각할 때 옳지 않다고 생각하는 사람들과 교류할 때 어려움을 겪습니다. 이럴 때에는 어떤 태도를 취해야 할까요?

《주역》둔괘遯卦 상전象傳에 "하늘 아래에 산이 있는 것이 둔괘의 상이니, 군자가 이를 보고 소인을 멀리하되 미워하지는 않고 엄격하게 대한다"라는 말이 있습니다. 상대를 미워해봐야 내 마음만 불편할 뿐이고, 또 그 미움 때문에 상대에게 또 원망을 사게 됩니다. 그러니 미워하지도 말고 그저 마음으로 거리를 두어야 합니다. 또 미워할 만한 사람인지를 알고도 겉으로는 아무 문제 없는 듯 친절을 베풀고 상대의 기분에 맞춰주려고 애쓰면, 결국은 만만한 사람이 되어 계속 어이없는 일을 겪게 됩니다. 모두와 잘 지낼 수도 없거니와, 모두와 잘 지낼 필요도 없습니다.

한 사람을 안다는 것은 한 세계를 아는 것입니다. 한 세계를 아는 것은 내 세계에 타인의 세계가 겹치는 것이기도 합니다. 그렇기 때문에 진실하지 않고 믿을 수 없는 사람을 가까이하면 내 세계는 혼란 속으로 빠져들고, 부정적이고 비관적인 사람을 가까이하면 내 세계는 어둠 속으로 빠져듭니다.

누구를 가까이하고 누구를 멀리할지는 나 자신이 좋은 사람이 되고 난 뒤에 가려낼 수 있다고 하니, 먼저 나를 돌아보아야겠습니다. 먼저 나 스스로 반듯하게 선 뒤에야 좋은 사람과 나쁜 사람을 알아보고 맞이하거나 멀리할 수 있습니다. 돌이켜 나에게서 구할 뿐입니다.

군자를 가까이하고
소인을 멀리하라

군자를 가까이하고 소인을 멀리하는 일에 관해 말씀드리 겠습니다. 군자와 소인은 진실로 구분하지 않아서는 안 됩니다.

바른말과 반듯한 논리를 갖추고 어디에도 의지하지 않고 우뚝 서서, 벼슬을 할 적에는 충성을 다할 것을 생각하고, 벼슬에서 물러나서는 임금의 부족한 부분을 보완할 것을 생각하며, 공명정대公明正大하여 국가가 있는 줄만 알지 자기 자신은 생각할 줄 모르는 사람이 군자입니다.

반면 간사하고 아첨하여 남에게 아부하면서 용납되기를 취하며, 권한을 도적질하고 세력을 부리며, 남이 잘해놓은 것을 탈취하고, 은혜를 베푸는 척하고 '예! 예!' 하며 자기에게 이로운 쪽으로만 도모하고, 남의 말에 개의치 않는 사람은 소인입니다.

군자는 서로 뜻이 합치되기는 어렵고 멀어지기는 쉬우며,
소인은 친해지기는 쉽고 물리치기는 어렵습니다.

親君子, 遠小人. 君子小人固不可不辨. 正言格論, 特立不
倚, 進思盡忠, 退思補過, 磊磊落落, 知有社稷, 而不知有其
身者, 君子也; 憸邪諂佞, 阿附取容, 竊權弄勢, 掠美市恩,
唯唯諾諾, 苟利於己, 不恤人言者, 小人也. 君子難合而易
疏, 小人易親而難退.

《태조실록》, 1년 7월 20일, 사헌부에서 올린 상소

《태조실록太祖實錄》 1년 7월 20일 사헌부司憲府에서 올린 상소
에는 임금에게 당부하는 열 가지 내용이 실려 있는데, 그중
세 번째로 청한 것이 "군자를 가까이하고 소인을 멀리할 것"
입니다. 군자를 가까이하고 소인을 멀리하는 것은 지극히 당
연한 일입니다. 그럼에도 상소에서 이를 강조한 것은 정치를
할 때 가장 중요한 것이 사람을 잘 쓰는 것이기 때문입니다.

군자는 원칙대로 움직이다 보니 깊은 충정에서 우러나
온 말을 합니다. 그런데 그런 말은 쓴소리일 때가 많아 임금

이 이를 귀찮게 여기고 말한 사람을 멀리하기가 쉽습니다. 또 꼭 해야 할 말은 하지 않고 듣기 좋은 말로 아첨하면서 다가오면 친해지기는 쉽고 물리치기는 어렵습니다. 앞의 상소는 이런 점을 염두에 두고 사람을 잘 간파하라는 충언을 한 것입니다.

나이가 들고 사회적으로 활동 반경이 넓어지면 다양한 종류의 사람들을 겪게 됩니다. 처음 만나는 사람을 친절하게 대하는 것이 예의이지만, 그렇다 해도 겪어가면서 자세히 살펴 분별하고 그에 맞게 대처해야 인간관계에서 중심을 잡을 수 있습니다. 이때 필요한 것이 사람을 보는 안목입니다. 싹싹하고 사근사근하다고 해서 꼭 좋은 사람이란 법도 없고 무뚝뚝하고 붙임성 없다고 해서 꼭 나쁜 사람이란 법도 없습니다. 그가 얼마나 진심으로 사람을 대하고 성실하게 노력하는 사람인지를 파악할 줄 알아야 합니다.

《논어》〈자로子路〉에 '화이부동和而不同'이란 말이 있습니다. 남과 조화를 이루며 사이좋게 지내지만, 도리에 맞지 않은 일에는 동조하지 않는다는 뜻입니다. 인간관계의 적당한 거리 두기에 대해 잘 설명한 말입니다.

일은 결국 사람이 하는 것이라고들 말합니다. 그러니 사람을 보는 안목을 갖추지 못하면 함께 도모한 일에서도 큰 피해를 입을 수 있습니다. 아무렇지도 않게 거짓말을 하고, 약속을 지키지 않고도 사과할 줄 모르고, 제 이익을 위해서라면 남에게 피해 주는 일도 서슴지 않고 하고, 끊임없이 자기 합리화를 하며 남 탓만 하는 사람들과 어울리다 보면 언젠가 커다란 정신적 피해를 입게 됩니다. 사람 보는 안목을 갖추어야 하는 이유입니다.

검은 것 안에도
흰 것이 있다면

여기 어떤 사람이 있는데, 온몸이 검으나 손가락 하나가
희다면 그를 희다고 할 수 있는가? 그렇다 할 수 없다.

손가락 하나 흰 것이 온몸이 검은 것에 별 영향을 못 끼친
다 해서 검다고 할 수 있는가? 이 또한 그렇다 할 수 없다.

흰 것을 아름답게 여겨 검은 것을 숨겨서도 안 되고, 검은
것이 싫다고 흰 것까지 배척해서도 안 된다. 검으면 내가
그것이 검은 줄 알고, 희면 내가 그것이 흰 줄 알면 된다.

전신을 들어 논하면 검은 것이고, 손가락 하나를 가리켜
논하면 흰 것이니, 어찌 전신이 검다 해서 손가락 하나가
흰 것까지 덮어버릴 수 있겠는가?

사람의 선악을 논하는 것도 이와 같다. 악한 짓을 하는 사
람이라도 한 가지 착한 일을 하면 이 또한 착한 것이다. 만

약 그 사람이 착하지 않다고 해서 그 착한 것 한 가지까지
아울러 배척하면 세상에서 선을 행하는 것을 막는 것이
니, 군자가 선을 돕는 도가 아니다.

有人於是, 全身則黑, 而有一指之白, 則謂之白可乎? 曰非
也. 一指之白無補於全身之黑, 則謂之黑可乎? 曰又非也.
美其白, 而掩其黑, 不可也; 惡其黑, 而斥其白, 亦不可也.
黑吾知其爲黑, 白吾知其爲白. 擧全身而論之, 則黑矣; 指
一指而言之, 則白也. 烏可以全身之黑, 而蔽其一指之白
乎? 論人善惡, 亦猶是也. 以爲惡之人, 有一事之善, 則是
亦善矣. 若以其人之不善, 竝其一善而斥之, 則絶天下之
爲善, 而非君子與善之道也.

박이장, 《용담집》, 〈조보독논어론〉

조선 중기 학자 박이장朴而章(1547~1622)의 《용담집龍潭集》에 실
린 〈조보독논어론趙普讀論語論〉은 '조보가 논어를 읽은 것에 관
한 논'이라는 뜻입니다. 조보는 중국 송나라 태조太祖를 도와
천하를 평정한 개국 공신입니다. 그는 소싯적에 관리의 일만
익혔을 뿐 학술이 부족하여 평소에 악행을 저질렀습니다. 하

지만 만년에 이르러 《논어》를 읽고 나서는 물 흐르듯 능숙하게 처결을 잘했다고 합니다. 저자는 그가 저지른 잘못 때문에 그가 지닌 한 가지 좋은 점까지 배척해서는 안 된다고 하였습니다. 그렇게 되면 사람을 인정하는 방법이 각박해지고 선을 행하는 길이 끊어질 것이라고 말합니다. 그러면서 상황을 왜곡하지 않고 있는 그대로 볼 것을 강조하고 있습니다.

잘 본다는 것은 무엇일까요? 있는 그대로를 보면 되는 것이겠지요? 있는 그대로를 보는 일은 나를 성찰하는 수준과 연관이 있습니다. 한 해 두 해 나이를 먹으면서 우리는 그만큼 많은 일들을 보고 겪지만, '있는 그대로를 본다'고 자신하기는 어렵습니다. 보고 싶은 것만 보기도 하고, '에고'라는 색안경을 쓰고서 본 것을 왜곡하기도 합니다.

무언가를 잘 보려면 내 마음에 사심이 없어야 합니다. 사심이 있으면 무엇을 볼 때 보고 싶은 것만 보려 하고, 본 것을 내 식대로 해석하려 합니다. 좋아하는 사람은 미운 짓을 해도 눈감아주고, 미워하는 사람은 착한 일을 해도 고깝게 봅니다. 친한 사람이 실수를 하면 그럴 수도 있지 하며 두둔해주고 싫어하는 사람이 실수를 하면 옳다구나 하며 몰아붙입니다. 또 내가 속한 집단에서 어떻게 보는지에 맞춰 나의 견해를 결정하기도 합니다. 그래서는 제대로 볼 수 없습니다.

있는 그대로를 보아 흰 것은 희다 하고, 검은 것은 검다 하고, 흰 것 중 어느 곳은 검고, 검은 것 중 어느 곳은 희다고 말할 수 있어야 비로소 좀 볼 줄 안다고 할 수 있을 것입니다. 전체 안에서 부분을 볼 줄 알고, 부분 아닌 전체를 볼 줄도 알고, 다른 것 사이에서 같은 것을 볼 줄 알고, 같은 것 속에서 다른 것을 볼 줄도 알아야 비로소 잘 본다고 할 수 있을 것입니다.

또 누군가를 제대로 파악하기 위해서는 행동뿐 아니라 행동하게 된 동기와 성향까지도 살펴야 합니다. 《논어》〈위정〉에, "그가 하는 것을 보고, 그렇게 한 이유를 살피고, 그가 편안히 여기는 것이 무엇인지를 살펴본다면 사람이 어찌 숨길 수 있겠는가. 사람이 어찌 숨길 수 있겠는가"라는 말이 있습니다.

내가 보는 것이 온전하지 않은 상태에서 섣불리 남의 단점을 드러내 그의 전체 모습을 싸잡아 판단하는 것은 위험한 일입니다. 무언가를 잘 보기 위해서는 통찰이 필요합니다. 통찰하는 힘은 엄격한 자기 성찰에서부터 길러집니다.

사람의 잘못에는
크고 작은 차이가 있다

사람의 잘못에는 크고 작은 차이가 있으니 시일이 얼마 지나면 용서해야 할 것도 있고, 십 년 정도 지나 용서해야 할 것도 있고, 종신토록 버려진 채 사람 축에도 들지 못하게 하는 경우도 있습니다.

그러므로 '실수로 저지른 죄는 큰 죄라도 너그럽게 용서하고, 고의로 저지른 죄는 작더라도 처벌한다'고 하였습니다. 또 '실수와 재난으로 지은 죄는 용서하고, 믿는 데가 있어 짓거나 재차 지은 죄는 사형에 처한다'고 하였습니다. 이는 무심코 저지른 것은 사안에 따라 용서할 수 있지만 의도적으로 저지른 악행은 법률상 용서하기가 어렵기 때문입니다.

凡人過有輕重之異, 有經時日而當宥者, 有十年而當宥者, 有終身廢棄而不齒人類者. 故曰:"宥過無大, 刑故無小." 又曰:"眚災肆赦, 怙終賊刑." 蓋以無心是理, 則事有可恕, 有意爲惡, 則法所難赦.

《승정원일기》1626년 4월 18일, 이경증의 계

누군가 잘못을 저질렀을 때 그 사람을 어떻게 대할 것인지에 대한 기준이 서 있어야 제대로 된 판단을 할 수 있습니다.

《승정원일기》1626년(인조 4년) 4월 18일 기사에 실린 사간원司諫院 정언正言 이경증李景曾이 아뢴 글에 이에 관한 글이 있습니다. 사람의 잘못에 대해 경우에 맞게 대처할 것을 말하고, 같은 잘못이라도 용서할지 여부와 용서하기까지의 시간에는 차이가 있는데, 그것은 범죄에 고의성이 있었는지 여부와 죄를 뉘우치는지 뉘우치지 않는지 여부에 달려 있다고 말합니다.

사람은 미숙한 존재이다 보니 잘못을 저질러 남에게 피해를 주는 경우가 있습니다. 내가 생각이 짧아 실수를 할 수도 있고, 남이 어쩌다 보니 잘못을 하는 경우도 있습니다. 그러니 잘못은 있을 수 있는 일이고 이해할 수 있는 일입니다.

그러나 잘못을 하고도 부끄러워하지 않고, 도리어 적반하장으로 나온다면 이는 큰 문제입니다. 내가 처신을 잘못하고도 짐짓 모른 체하며 사과하지 않는다면 엉킨 관계를 풀어나갈 가망이 없습니다.

《시경》〈무장대거無將大車〉1장에 "큰 수레를 떠밀고 가지 마라. 다만 스스로 먼지를 뒤집어쓸 것이다. 온갖 시름을 생각하지 마라. 다만 스스로 병들 것이다"라는 시가 있습니다. 대부大夫가 소인小人과 함께 일한 것을 후회하는 시라고 하는데, 안 나서도 될 일에 나서서 일을 주도하려 하다가는 스스로 번민하게 될 것임을 말하고 있습니다.

잘못을 하고도 끝까지 인정하지 않거나 자기변명에만 골몰하는 사람과는 거리를 두어야 합니다. 이런 사람을 인정에 얽매여 가까이 두면 결국 스스로도 먼지를 뒤집어쓰게 될 것입니다.

죄가 미심쩍을 때에는
가벼운 쪽으로

무릇 형벌을 가볍게 적용하고 무겁게 적용하는 것은 각각 그 죄의 대소를 따를 뿐입니다. 어찌 관직의 고하에 따라 경중을 달리할 수 있겠습니까. 성인은 착한 것을 오래 좋게 여기고 악한 것을 잠깐 미워하기 때문에, 공功이 미심쩍을 때에는 후한 쪽으로 포상하고 죄가 미심쩍을 때에는 가벼운 쪽으로 처벌하였습니다. 공과 죄의 실상을 논하지 않고 단지 신분과 지위에 따라 결정한다면 그 상과 벌이 성인의 살리기를 좋아하는 사심 없는 마음에서 나온 것이 아닙니다.

凡刑之適輕適重, 各隨其罪之大小而已. 豈以官職之高卑, 而有所輕重也? 大抵聖人善善長而惡惡短, 故功疑惟重,

罪疑惟輕. 不論功罪之實, 而只隨貴賤大小, 其賞罰非聖
人好生無私之心也.

《승정원일기》 1629년 8월 14일, 이상형의 계

《승정원일기》 1629년(인조 7년) 8월 14일 기사에 실린, 사간
원 정언 이상형李尙馨이 임금께 아뢴 내용입니다. 이 글에서는
공이 미심쩍을 때에는 후한 쪽으로 포상하고, 죄가 미심쩍을
때에는 가벼운 쪽으로 처벌할 것과 공과 죄를 신분과 지위에
따라 결정해서는 안 된다는 주장을 하고 있습니다. 임금이
사심 없는 판정을 하기를 촉구한 것입니다.

무엇을 제대로 알고, 무리 없이 실행하기 위해서는 종합
적인 판단이 필요합니다. 원칙대로 바로 적용하는 것이 시원
스럽긴 하지만 섣불리 처리한 것이 오히려 더 큰 문제를 야
기할 수도 있습니다.

옥사獄事를 과감하게 결단할 수 없는 것은 행여 법을 잘
못 적용하여 사람을 위해 존재하는 법이 사람을 해치는 데
쓰여서는 안 되기 때문입니다. 그래서 누군가가 잘못된 판결
로 억울해지는 것을 가장 경계하여, 죄가 의심스러우면 차라
리 약한 쪽으로 처벌해서라도 억울한 일이 생기지 않게 판결

하도록 했습니다.

이런 억울한 경우는 형량이 과할 때에도 생기지만 판결이 형평성을 잃을 때에도 생깁니다. 같은 죄를 짓고도 돈 있고 권력 있는 자는 풀려나고, 가난하고 힘없는 사람은 중한 처벌을 받는다면 억울할 수밖에 없습니다. 그러니 죄를 보고 판결해야지, 사람을 보고 판결해서는 안 됩니다.

《서경》〈대우모大禹謨〉에는 고요皐陶가 순舜 임금의 살리기 좋아하는 덕을 찬양한 글이 있습니다. 여기서 "죄가 의심스러울 경우에는 가벼운 쪽으로 처벌하고, 공이 의심스러울 경우에는 중한 쪽으로 상을 주었다. 무고한 사람을 죽이느니 차라리 형법대로 집행하지 않은 잘못을 감수하고자 하였다"라고 하였습니다.

예부터 간언하는 자들이 임금의 귀에 못이 박히도록 주장한 일이건만 오랜 세월이 흐른 지금까지도 이런 병폐가 여전히 남아 있습니다. 법은 그 자체로 세상을 바로잡는 바른 도구가 될 수 없습니다. 법을 다루는 사람이 지혜로울 때 법도 법답게 기능할 수 있습니다.

법관이 아니라도 사람이면 모두 판단을 하며 살아갑니다. 이때 내가 하는 판단이 적당한지, 한쪽으로 기울지는 않았는지 잘 생각해보고 신중하게 판단해야겠습니다. 그리고 잘 모르겠다 싶은 사안은 후한 쪽으로 결론을 내려야겠습니다. 행여 실수가 없도록.

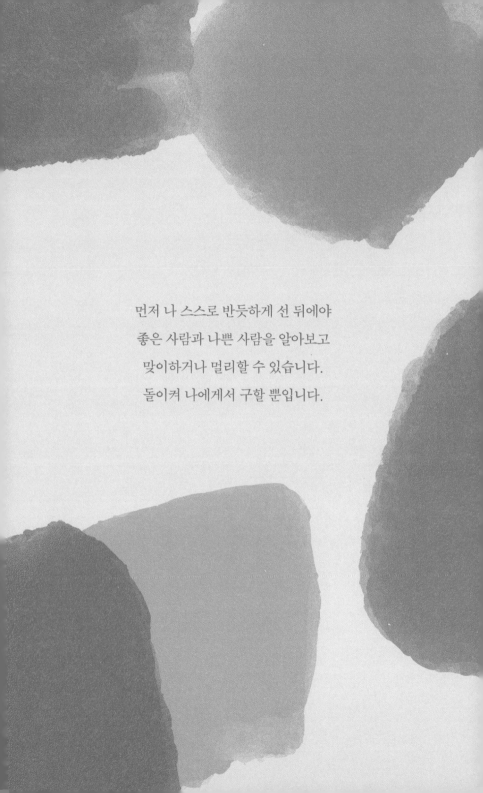

먼저 나 스스로 반듯하게 선 뒤에야
좋은 사람과 나쁜 사람을 알아보고
맞이하거나 멀리할 수 있습니다.
돌이켜 나에게서 구할 뿐입니다.

변화하고 끊어내야

휘둘리지 않으니

새 심지에 새 불을 붙여라

항심이 있는 사람은
변화가 두렵지 않다

한결같음에는 변치 않는 한결같음과 변화와 함께하는 한
결같음이 있다.

변치 않는 한결같음은 쉽게 알 수 있지만, 변화와 함께하
는 한결같음은 행하기 어렵다.

항심恒心을 가진 사람은 한결같아야 할 때,

변치 않아야 할 일에는 늘 변치 않고, 변화와 함께해야 할
일에는 늘 변화를 준다.

변치 않아야 할 일에 변치 않는 것은 얼마나 좋은 일인
가?

하지만 변화를 주어야 할 일에서도 변화를 주지 않는다면
바꾸지 않는 것에 집착하는 데 가깝지 않겠는가?

천지는 한결같이 변화하기 때문에 쉬지 않고 언제나 운행

할 수 있고,

해와 달은 한결같이 변화하기 때문에 언제나 빛을 낼 수
있으며,

사계절은 한결같이 변화하기 때문에 언제나 만물을 이룰
수 있고,

군자는 한결같이 변화하기 때문에 도^道를 확고히 지키고
자신이 설 곳을 바꾸지 않을 수 있다.

恒有恒之恒, 有不恒之恒. 恒之恒, 易知也; 不恒之恒, 難爲
也. 恒人遇恒事, 恒恒於恒, 恒不恒於不恒. 恒於可恒, 不亦
善乎? 恒於不可恒, 不幾於泥於常乎? 天地以不恒爲恒, 故
能恒不息; 日月以不恒爲恒, 故能恒照; 四時以不恒爲恒,
故能恒成. 君子以不恒爲恒, 故能立不易方.

윤기, 《무명자집》, 〈항와서〉

변치 않음이란 건 무엇일까요? 아무 일도 일어나지 않는 곳
에 돌처럼 존재하는 것이 아니라 변화의 소용돌이 속에서도
자기가 머물 곳을 알고 중심을 잡는 것, 그것이 진정한 의미
의 변치 않음일 것입니다.

조선 후기 학자 윤기尹愭(1741~1826)의 《무명자집無名子集》
에 실린 〈항와서恒窩序〉에서는 한결같음에 대해 이야기하고
있습니다. 저자는 이 한결같음은 고정된 것이 아니라 변해야
할 때와 변치 않아야 할 때를 알아 때에 맞게 움직이는 것이
라고 하며, 변화를 주어야 할 일에서도 변화를 주지 않는다
면 집착에 가까워진다고 이야기하고 있습니다.

　'한결같다'라는 말은 두 가지 경우에 쓰입니다. 하나는
"너는 어쩜 그렇게 한결같냐?"라고 할 때이고, 하나는 "그 사
람은 참 한결같은 사람이야"라고 할 때입니다. 첫 번째 것은
도통 변화할 줄을 모르고 제 방식만 고집할 때 하는 말이고,
두 번째 것은 행동을 신뢰할 만할 때 하는 말입니다. 행동을
신뢰할 만하다는 것은 상황이 달라져도 거기에 맞게 최선을
다해 처신한다는 뜻도 포함합니다.

　《중용장구》에, "군자는 중용中庸을 지키고, 소인은 중용
과 반대로 행한다. 군자가 중용을 지키는 것은 군자로서 때
에 알맞게 행하기 때문이요, 소인이 중용과 반대로 행하는
것은 소인으로서 거리낌 없이 행하기 때문이다"라는 문장이
있습니다. 같은 한결같음을 지녔더라도 상황과 관계는 아랑
곳하지 않고 제뜻대로만 하려 드는 사람은 '소인'이 되고, 변
화의 소용돌이 속에서도 자기가 머물 곳을 알고 진득하게 중
심을 잡는 사람은 '군자'가 됩니다. 그러니 때에 맞게 한결같
아야 '중용'의 미덕을 살릴 수 있습니다.

나이가 들면 변화에 적응하는 속도가 느려지고, 익숙한 방식이 편해집니다. 그렇다 보니 그런 방식을 자기 자신뿐 아니라 남들에게 요구하기도 합니다. 하지만 한결같은 사람이 되려면 상황에 맞게 변화할 줄 알아야 합니다.

한결같은 사람은 변치 않는 사람이 아니라 변화 속에서 조화로운 지점을 찾을 줄 아는 사람이고, 혼란 속에서도 해야 할 것과 하지 말아야 할 것을 지킬 수 있는 사람입니다. 변화와 혼란이 심한 상황에서 조화를 얻고 덕을 지키기 위해서는 더욱 민첩하게 균형을 잡을 줄 알아야 합니다. 이때 늘 바뀌는 균형점 위에 안정되게 서려면 지난 일에 생각이 매여 있어도 안 되고, 아직 오지 않은 일을 미리 걱정하며 불안해해서도 안 됩니다. 오직 지금 이 순간 내가 하는 일에 온 정성을 기울일 때, 나도 하늘처럼 '변화하는 한결같은 사람'이 될 수 있습니다.

새봄이 오면
새로운 결심이 필요하다

상제^{上帝}가 동쪽에서 나와

만물이 생겨나니,

하늘의 도 변치 말고

땅의 이치 끊지 말고

사람의 도리를 어지럽히지 말라.

성대한 덕이 나무에 있으니

큰 나무를 베지 말고,

새 둥지를 뒤엎지 말고,

새끼 밴 짐승을 죽이지 말고,

나뒹구는 해골을 묻어주어라.

농기구를 정비하고

농사를 시작하라.

帝出于震, 萬物發生.

毋變天之道, 毋絶地之理, 毋亂人之紀.

盛德在木, 毋斫大木, 毋覆巢, 毋殺胎夭, 掩骼埋胔.

簡稼器, 修稼事.

허목, 《기언》, 〈입춘이잠〉

허목의 《기언》에 실린 〈입춘이잠立春二箴〉에서는 자연의 새로
운 시작인 봄을 맞아 마음을 가다듬고 행동을 시작할 것을
말하고 있습니다. 생기를 띠고 자라나는 나무를 베지 않고,
생명 있는 것들을 보호하고, 가엾은 처지에 있는 것들을 돌
보는 일 모두 봄처럼 따뜻한 행위입니다.

새해가 오면 새로운 결심을 하듯이, 새봄이 오면 또 새
로운 결심을 합니다. 《대학》에는 '일신우일신日新又日新'이라는
말이 나옵니다. 중국 은나라 탕湯 임금이 목욕하는 그릇에 새
겨놓고 씻을 때마다 날마다 새로워지리라 다짐한 데서 온 말
입니다. 날마다 새로워지리라 결심하지 않으면 마음이 절로
새로워지지 않습니다. 매일매일 얼굴을 씻듯, 고리타분해지
는 마음을 씻어야 새로운 하루하루를 맞을 수 있습니다.

나이가 들면 뒤를 돌아볼 줄도 알아야 하지만 앞으로 나

갈 용기도 낼 줄 알아야 합니다. 땅 위를 밀고 나오는 어린 새순처럼 지난날의 나와 과감히 결별하고 자신의 삶을 새롭게 계획해야 합니다. 지난날 살아온 삶이 후회스럽다 해서 앞으로도 그렇게 살라는 법은 없습니다. 마음속에서 하고자 하는 바를 잘 찾아 새로운 시도들을 하다 보면 또 다른 길이 보일 수 있습니다. 또 지금껏 살아오면서 경험을 통해 얻었다고 생각하는 자신만의 가치관도 재점검하고, 행동 반경도 조금씩 넓혀갈 필요가 있습니다. '이 나이에 무슨?' '그런 걸 어떻게 해?' '너무 늦은 건 아닐까?' 이런저런 생각들을 떨쳐내야 합니다. 이때 필요한 것이 변화하겠다는 결심, 그리고 작은 일부터 행동에 옮기는 노력입니다.

묵은해가 가고 새봄이 찾아오면 새로운 바람이 불어옵니다. 따뜻한 바람이 대지에 대고 속삭여 산천이 새로워지기 시작할 때면, 조물주가 어진 마음으로 만물을 길러내는 것처럼 사람도 어진 마음을 품게 됩니다. 살려는 뜻을 가진 것들을 보며 나 또한 내 안의 생기를 되찾고 하루하루 착실하게 해야 할 일들을 해나가는 것은 하늘과 땅의 새로운 뜻을 이루는 데 동참하는 일이기도 합니다. 하늘과 땅이 봄을 맞아 새로운 뜻을 이루는 것처럼 위대한 일입니다. 결심하고 행동하기만 하면 내 인생에도 다시 꽃이 피고 생기가 돌기 시작할 것입니다. 하늘과 땅이 새로워지는 봄날에 눈길 닿는 곳마다 그 바람을 새겨두는 것도 좋겠습니다.

게으름,
만사가 무너지는 지점

게으름이 오는 것을 고치는 게 쉽지 않아
초당에서 환한 대낮에 베개에 늘 기대어 있다.
때때로 몸과 마음 점검해보니
만사가 다 여기서부터 무너지는구나.

懶病由來未易醫, 草堂淸晝枕常欹.
有時點檢身心上, 萬事都從這裏墮.

이유, 《용포집》, 〈자경〉

앞이 막힌 듯 답답하고 아무것도 하기 싫어질 때, 이럴 때 먼저 챙겨야 할 것이 습관 바꾸기입니다. 조선 후기 학자 이유李灘(1669~1742)의 《용포집龍浦集》에 실린, 〈자경自警〉이란 시에서는 행실이 무너지는 첫 지점을 게으름으로 보았습니다. 행실을 과감하게 고쳐 덕을 기르려면 먼저 이 게으름을 타파해야 한다고 말합니다.

한 해에는 사계절이 있고, 하루에는 낮과 밤이 있습니다. 모든 것이 때에 맞게 움직여야 일이 순조롭게 풀립니다. 때를 놓치면 바로 막힘이 생깁니다. 해가 뜨면 자리에서 일어나는 것은 봄이 오면 씨를 뿌리는 일처럼 자연스러운 일입니다. 그런데 해가 뜬 뒤에도 자리에 누워 빈둥대다가 만사가 귀찮아져 그대로 있다 보면 그날 하루가 생각이라는 잡초 덤불에 뒤덮이고, 좋지 않은 기분에 얼룩집니다. 하루를 통째로 날렸다는 생각에 스스로가 한심해지기도 합니다.

더구나 별 이유 없이 낮에 누워 있는 게 잦아지면 점점 더 게을러지는 원인이 됩니다. 게을러서 눕는 것인지, 눕다 보니 게을러지는 것인지 몰라도 눕는 것과 게으른 것은 떼려야 뗄 수 없습니다.

갱년기는 바뀌는 몸에 맞추어 남은 인생을 새로이 시작하는 때입니다. 그런데 기운도 떨어지고 정신도 우울해지고 만사가 귀찮아질 때가 많아 문제입니다. 한때 신념을 따라 기를 쓰고 살던 시절도 있었건만, 이제는 '소고기 먹으면 뭐

하겠노?' 하는 심정이 뼛속에서 스멀스멀 기어 나옵니다. 삶을 대하는 태도가 좀 더 느긋해졌다고 하기는 어려운 것이 그 안에 무기력하고 부정적인 심리가 숨어 있음을 잘 알기 때문입니다. 이럴 때는 '수용'보다 '수정'이 필요한 상황임을 인정해야 합니다.

《논어》〈공야장〉에는, 공자가 제자 재여宰予를 꾸짖은 내용이 있습니다. 재여가 낮잠을 자자, "썩은 나무에는 무엇도 새길 수가 없고, 거름 흙으로 만든 담장은 흙손질할 수 없다"고 심하게 야단을 쳤습니다.

공자의 꾸짖음을 떠올리며 우선 낮에 습관처럼 눕지 않으리라는 다짐부터 해봅니다. 앉든 서든, 걷든 뛰든, 머리를 감든, 청소를 하든 괜히 눕는 시간부터 줄여야겠습니다. 어쩌면 모든 게 다 무너지는 원인이 정말 여기에 있을지도 모릅니다. 인생 반 바퀴를 더 돌아야 할 지금, 누워 지내는 일은 미루어도 좋습니다. 젊을 때처럼 힘찬 움직임은 아니더라도 자연의 흐름에 맞추어 살살 움직여야 남은 삶을 내 힘으로, 내 의지대로 움직일 수 있습니다.

악은 작더라도
반드시 제거하라

밭에 나는 작은 풀 김매기 참 어려워
밤사이 돋은 싹이 다시 뒤덮네.
모름지기 땅에서 뿌리째 뽑아야
곡식이 영글 때쯤 저절로 사라지리.

惡小必袪
田間細草最難鋤, 一夜萌生更似初.
須令劉地和根拔, 嘉穀成時彼自除.

이진상, 《한주집》, 〈술학자경〉

무언가를 제대로 해내기 위해서는 먼저 자신을 반듯하게 세우는 일이 필요합니다. 자신이 바로 서야 남들 말에 휘둘리지 않고 주체적으로 후회 없는 선택을 내릴 수 있고 그 행동에 책임을 질 수 있습니다.

이진상의 《한주집》에 실린 〈술학자경〉에는 '악은 작더라도 반드시 제거하라[惡小必去]'라는 글이 있습니다. 이 글에서는 끊임없이 자라나는 잡초를 뿌리째 뽑아야 곡식이 영글 때쯤 저절로 사라진다고 이야기합니다. 이는 좋은 결실을 맺기 위해서는 그 과정에서 제거해야 할 것들을 단호히 없애는 것이 이로움을 강조한 것입니다.

마음의 밭에도 잡초 같은 생각들이 우거지기 쉽습니다. 잡초를 제거해야 제대로 된 수확을 할 수 있듯이, 잘못이 있을 때 바로바로 고쳐야 제대로 성장할 수 있습니다. 생각이든 행동이든 작은 습관이 쌓여 인격이 됩니다. 내 발목을 잡는 작은 잘못들, 부정적인 생각들을 뿌리 뽑지 못하면 마음과 행동이 헝클어져 잡풀이 무성한 정원처럼 추레한 사람이 되고 맙니다.

《속자치통감장편續資治通鑑長編》〈송철종宋哲宗〉 편에 춘추시대의 임금 곽공과 관련된 이야기가 실려 있습니다. 제 환공齊桓公이 들놀이를 나갔다가 멸망한 옛 성城에 있는 폐허를 보고 촌사람에게 이 마을이 무슨 마을인지를 묻자, 촌사람이 곽씨의 마을이라고 답하였습니다. 환공이 다시 곽씨는 어떠

한 사람이었냐고 묻자, 촌사람이 곽씨는 선을 좋아하고 악을 싫어한 사람이라고 답하였습니다. 제 환공이 다시 선을 좋아하고 악을 싫어하는 것은 훌륭한 행실인데 무엇 때문에 폐허가 되었느냐고 묻자, 촌사람이 선을 좋아하면서도 실천하지 못하고 악을 싫어하면서도 뿌리 뽑지 못했기 때문에 폐허가 되었다고 답하였습니다.

선을 좋아한다면 실천해야 하고, 악을 싫어한다면 제거해야 함을 강조한 말입니다. 걱정, 근심, 후회, 미련, 미움 같은 나쁜 생각들이 잡초처럼 나를 뒤덮으면 곡식 같은 내 안의 좋은 생각들이 자라날 틈이 없습니다. 마음이 온통 잡초로 뒤덮이면 마음의 중심을 잡을 수도, 품위를 지킬 수도 없습니다. 내 마음의 성이 폐허가 되지 않으려면, 노년에 마음이 안정된 사람으로 기품 있게 지내려면, 작은 악이라도 반드시 없애고 가려는 마음을 먹어야겠습니다.

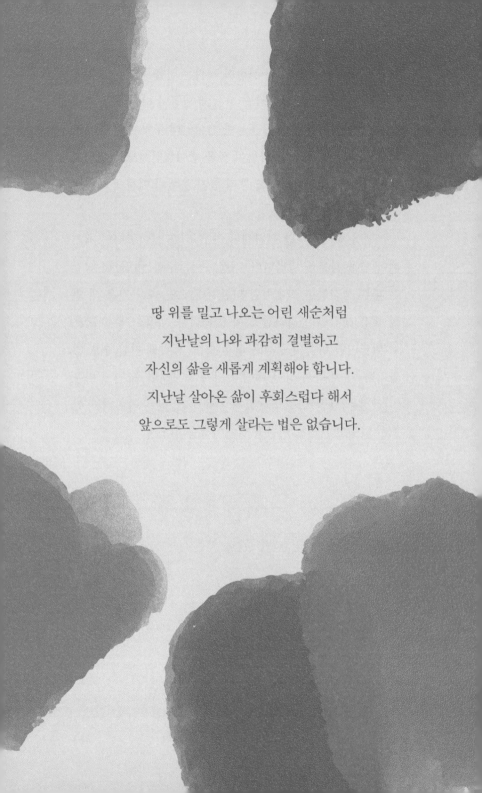

땅 위를 밀고 나오는 어린 새순처럼
지난날의 나와 과감히 결별하고
자신의 삶을 새롭게 계획해야 합니다.
지난날 살아온 삶이 후회스럽다 해서
앞으로도 그렇게 살라는 법은 없습니다.

습관이 마음을 해칠 때는
한칼에 베라

사람이 학문에 뜻을 두고도 용맹하게 전진하여 성취하지 못하는 이유는 오래된 습관이 방해하기 때문이다. 오래된 습관 조목은 아래와 같다. 뜻을 다져 확실히 끊어내지 못한다면 끝내 학문할 바탕이 없을 것이다.

첫째, 게으른 마음을 먹고 함부로 행동하며 편히 지낼 것만 생각하고 구속되기를 몹시 싫어하는 것.

둘째, 항상 돌아다닐 생각만 하고 차분히 있지 못하며, 분주히 드나들며 떠들면서 세월을 보내는 것.

셋째, 같은 것은 좋아하고 다른 것은 미워하여 속된 데로 빠져들었다가, 행동을 좀 다잡자니 무리와 어긋날까 두려워지는 것.

넷째, 글을 꾸미기를 좋아하여 세상에서 칭찬받기를 좋아하며, 경전의 글을 따다 문장을 화려하게 꾸미는 것.

다섯째, 글씨에 멋을 내고 거문고 타고 술 마시기를 일삼으며 일없이 세월을 보내면서도 스스로는 깨끗한 운치라 여기는 것.

여섯째, 한가한 사람들을 모아놓고 바둑이나 장기 두기를 즐기며 종일토록 배불리 먹으면서 겨루는 데에만 신경 쓰는 것.

일곱째, 부귀를 부러워하고 빈천을 싫어하여 나쁜 옷 입고 거친 음식 먹는 것을 몹시 수치스럽게 여기는 것.

여덟째, 욕구를 절제하여 끊어버리지 못하고 이익과 노래와 여색을 사탕처럼 달게 여기는 것.

습관이 마음을 해침이 대개 이와 같고, 그 나머지는 다 열거하기 어렵다. 이러한 습관은 사람의 뜻을 약하게 하고 행실도 얄팍하게 하여, 오늘 한 것을 내일 고치기 어렵게 하고 아침에 후회했던 것을 저녁에 다시 저지르게 한다. 모름지기 용맹스러운 뜻을 크게 떨쳐 한칼에 나무뿌리를 베어버리는 것처럼 하고, 마음을 깨끗이 씻어 털끝만 한 찌꺼기도 없도록 해야 한다. 그리고 때때로 통렬히 반성하여 옛 습관에 물든 더러움이 마음에 한 점도 없게 된 뒤에야 학문에 나아가는 공부를 논할 수 있을 것이다.

人雖有志於學, 而不能勇往直前以有所成就者, 舊習有以
沮敗之也. 舊習之目, 條列如左. 若非勵志痛絶, 則終無爲
學之地矣.

其一. 惰其心志, 放其儀形, 只思暇逸, 深厭拘束.
其二. 常思動作, 不能守靜, 紛紜出入, 打話度日.
其三. 喜同惡異, 汨於流俗, 稍欲修飭, 恐乖於衆.
其四. 好以文辭, 取譽於時, 剽竊經傳, 以飾浮藻.
其五. 工於筆札, 業於琴酒, 優游卒歲, 自謂淸致.
其六. 好聚閒人, 圍棋局戱, 飽食終日, 只資爭競.
其七. 歆羨富貴, 厭薄貧賤, 惡衣惡食, 深以爲恥.
其八. 嗜慾無節, 不能斷制, 貨利聲色, 其味如蔗.

習之害心者, 大槪如斯, 其餘難以悉擧. 此習使人志不堅
固, 行不篤實, 今日所爲, 明日難改, 朝悔其行, 暮已復然.
必須大奮勇猛之志如將一刀快斷根株, 淨洗心地, 無毫髮
餘脈, 而時時每加猛省之功, 使此心無一點舊染之汚, 然
後可以論進學之工夫矣.

이이, 《격몽요결》, 〈혁구습장〉

이이의 《격몽요결》에 실린 〈혁구습장革舊習章〉에서는 끊어야 할 나쁜 습관에 대해 구체적으로 언급하고 있습니다. 조촐한 생활을 하며 꾸미거나 즐기는 일을 삼가고 욕구를 절제할 것을 요구하는데, 나쁜 습관을 끊어내기 위해서는 한칼에 나무 뿌리를 베어버리는 것처럼 하고, 털끝만 한 찌꺼기도 남기지 말아야 한다고 강조합니다.

나쁜 습관을 고치지 않고 합리화해가며 그냥 살아도 되는 나이는 없습니다. 나쁜 습관은 가랑비에 옷 젖듯이 조금씩 조금씩 젖어 들다 보니, 위험을 느끼지도 못하는 사이 내 모습을 바꾸어놓습니다. '토붕와해土崩瓦解'라는 말이 있습니다. 지반이 무너져 기왓장이 다 깨진다는 뜻입니다. 나쁜 습관도 이와 같습니다. 땅이 꺼지듯 천천히 지반을 무너뜨려 구들장을 꺼뜨리고 지붕마저 내려앉게 만듭니다. 상황을 그저 낙관해서 별일 없겠지 방심하며 하던 대로만 살면 어느 날 갑자기 생각지 못한 큰 화로 돌아옵니다. 그러니 어느 순간 바뀐 내 생각과 행동을 보고 깜짝 놀랐다면, 그때는 무 자르듯 과감하게 나쁜 습관을 잘라내야 합니다. 습관은 단호하고 완벽하게 고쳐야지, 미루거나 대충 바꾸게 되면 언제고 또다시 살아납니다.

중국 송나라의 유학자 정이程頤의 〈동잠動箴〉에는, "철인은 기미를 알아서 생각하는 일을 정성스레 하고, 지사志士는 행실을 닦아 하는 일에서 뜻을 지킨다. 천리를 순종하면 여유가 있고 인욕을 따르면 위험하니, 아무리 급한 때라도 잘 생각해서 전전긍긍하며 스스로를 지켜야 한다. 바른 습관이 천성으로 완성되면 성현의 경지로 함께 돌아가리라"라는 말이 있습니다. 바른 습관이 천성이 되면 성현과 같아질 수 있지만 나쁜 습관이 천성이 되면 비루하고 형편없는 존재가 되고 맙니다.

　'습관에 젖는다'라는 말과 '습관을 끊는다'라는 말은 습관의 속성을 잘 보여줍니다. 아무리 오래 젖어 있던 습관이라도 끊을 때는 단번에 끊어내는 결단이 필요합니다. '한 번만 더' 하는 마음으로 나쁜 습관에 끌려다니면 어느 날 지붕이 내려앉아 기왓장이 깨지듯 스스로 자멸하는 꼴을 면하기 어렵습니다.

제때 하지 않으면
뒤늦게 후회한다

제때에 행동하지 못하면
뒤늦게 후회하고
이익 앞에서 의를 잊으면
깨달은 뒤 후회한다.
뒤에서 흉을 보면
마주했을 때 후회하고
처음에 살피지 않으면
일을 그르치고 후회한다.
분을 못 참아 행동을 망치면
곤란에 처해 후회하고
농사에 부지런히 힘쓰지 않으면
수확할 때 후회한다.

行不及時後時悔, 見利忘義覺時悔.

背人論短面時悔, 事不始審償時悔.

因憤忘身難時悔, 農不務勤穡時悔.

이익, 《성호전집》, 〈육회명〉

조선 후기 실학자 이익李瀷(1681~1763)의 《성호전집星湖全集》에
실린 〈육회명六悔銘〉에서는 우리가 후회하게 되는 여섯 가지
경우를 이야기하고 있습니다. 이익은 제때에 행동하고, 이익
利益 앞에서 의義를 생각하고, 뒤에서 남을 흉보지 않고, 처음
부터 잘 살피고, 화가 치밀어 올라도 잘 참고, 부지런히 농사
에 힘써야 후회하는 일이 적어진다고 말합니다.

《논어》〈위정〉에, 자장子張이 녹봉祿俸을 받을 수 있는 방
도에 대해 배우려 하자 공자께서 답한 말이 있는데, 여기에
도 후회를 줄일 수 있는 방법이 나옵니다.

"많이 듣고서 그중에 의심스러운 것은 빼놓고 그 나머
지 확실한 것만 신중히 말한다면 허물이 적을 것이며, 많이
보고서 그중에 합당하지 못한 것은 빼놓고 그 나머지 믿을
만한 것만 신중히 행한다면 후회가 적을 것이다. 말에 허물
이 적고 행실에 후회가 적게 한다면 녹봉은 그 안에 있는 것

4장 변화하고 끊어내야 휘둘리지 않으니   171

이다.”

공자는 많이 보고서 합당하지 못한 것은 빼놓고 그 나머지 믿을 만한 것만 신중히 행한다면 후회가 적을 것이라고 하였습니다. 우리는 살면서 '그때 그랬더라면' 하며 하지 않은 것을 후회하기도 하고, '그때는 왜 그랬을까' 하고 이미 한 행동을 후회하기도 합니다. 당시에 마음을 충분히 들여다본 후 선택했더라면 적어도 후회가 남지는 않을 텐데, 그렇게 하지 못했기 때문에 훗날 돌아보았을 때 후회가 생기는 것입니다.

밖으로 내닫는 욕심을 잠시 거두고 자신의 본모습을 추스르는 시간이 필요합니다. 오늘 잠시 멈추고 신중히 생각해서 내린 결정이 내일의 삶의 모습을 정합니다. 오늘을 놓치면 언젠가 후회합니다. 오늘이 '잠시 멈춤'할 바로 그날입니다.

욕심이 처음 싹틀 때
맹렬히 다스릴 것

욕심이 처음 싹틀 때 더욱 맹렬히 다스려야 한다.
한 점 눈꽃이 이글이글 타오르는 화로에서 스러지듯이.

物欲初萌處, 宜加猛省功.
譬如一點雪, 消釋紅爐中.

이서, 《홍도유고》, 〈자경〉

조선 후기 학자 이서의 《홍도유고》에 실린 〈자경〉이라는 작
품에서는 욕심이 처음 싹텄을 때 이글이글 타오르는 붉은 화

로 위로 한 점 눈꽃이 스러지듯이 없애라고 하였습니다. 처음 욕심이 생겨날 때에 강한 자제력으로 다스리라는 뜻입니다.

《논어》〈공야장〉'오미견강자장吾未見剛者章'에 정자程子의 주석이 있는데, "사람이 욕심이 있으면 강할 수 없고, 강하면 욕심에 굽히지 않는다[人有慾則無剛, 剛則不屈於慾]"라고 하였습니다. 욕심이 많은 것이 겉으로 보기에는 강해 보일지 몰라도 욕심으로 그득하면 강할 수 없으며, 진정 강한 것은 욕심에 굽히지 않는 것이라고 말한 것입니다.

숨 가쁘게 달려온 한 시절을 정리하고, 이젠 어느 정도 일을 해놓았다고 믿을 때에도 또 다른 욕심이 싹트는 것을 조심해야 합니다. '이 정도 이루었는데, 다른 것은 못하겠어?' 하며 섣불리 과욕을 부렸다가 잘못되는 경우도 많습니다. 새로운 시작을 꿈꾸며 잘 알지 못하는 분야에 발을 들여놓을 때, 남의 말만 듣고 움직였다가는 그간 고생하며 이루어놓은 것을 한순간에 다 잃을 수도 있습니다. 또 그간 애써온 데 대한 보상이라도 받듯 내키는 대로 살았다가는 몹시 어려운 처지에 놓이게 될 것입니다.

우환이 생기고 마음이 괴로운 원인 또한 대부분 욕심에 있습니다. 그래서 욕심이라는 눈꽃이 일면 바로바로 화로에 던져 녹여버려야 합니다. 눈꽃을 모으고, 뭉치고, 굳히다 보면 어느새 스스로 욕심이란 얼음 속에 갇혀 꼼짝도 못할 날이 올지 모릅니다. 그렇게 되면 원하는 것을 다 가졌어도 세

174

상을 제대로 보고 느끼지 못하는, 산 채로 굳어버린 무생물 같은 사람이 되고 맙니다. 세상을 더불어 사는 보람을 느끼지 못합니다. 욕심을 비운 노년의 삶은 정갈할 것이고, 욕심을 놓지 못한 노년의 삶은 버거울 것입니다. 우리는 앞으로 어떤 삶을 살아야 할까요?

누구를 탓하고
누구를 원망할 것인가

사람에게는 몸이 있다 보니
욕망에 사로잡힌다.
어지럽고 소란한 것이
마음속에 지푸라기가 가득 찬 것 같다.
욕심을 줄이고 또 줄일 수 있다면
사라지지 않는 이치가 남지만
욕심을 줄일 줄 모르면
그 이치가 남는다 해도 어두울 수밖에 없다.
자기의 사욕을 없애고
그것이 점점 자라나지 못하게 해야 한다.
결국 재앙에 걸려든 뒤에
누구를 탓하고 누구를 원망할 것인가.

人之有身, 爲慾所侵. 紛紛擾擾, 茅塞于心.

能寡而寡, 不亡者存. 不知所寡, 雖存猶昏.

克祛己私, 忽使滋蔓. 竟罹其殃, 誰咎誰怨?

성현, 《허백당집》, 〈십잠〉 중 '과욕'

조선 전기 학자 성현의 《허백당집》에 실린 〈십잠〉 중 '과욕^{寡慾}'
에는 욕심이 지나치면 화를 부른다는 이야기가 있습니다. 이
치를 가리는 것이 욕심이기 때문에 욕심을 줄일 줄 모르면 결
국 이치를 알 수 없어 재앙에 걸려든다는 내용입니다.

저자는, 사람은 몸이 있다 보니 욕망에 사로잡힌다고 하
였습니다. 아름다운 것만 보고 싶고, 좋은 소리만 듣고 싶고,
좋은 향기만 맡고 싶고, 맛있는 음식만 먹고 싶고, 좋은 감촉
만 느끼고 싶은 게 인지상정人之常情입니다. 그러나 떼쓰는 아
이의 뜻을 따르듯 내 안의 욕구에 끌려다니다 보면 스스로
멈춰야 할 때를 놓치고 망가지기 시작합니다. 오랫동안 고생
해서 이룬 성과를 한 번의 실수로 크게 무너뜨리는 사람들두
차츰차츰 욕망에 빠져들다 멈출 수 없게 되어 그렇게 된 것
입니다. 이롭다 싶으면 이 일 저 일 가리지 않고 하고, 여기저
기 대접받고 다니는 것을 즐기며 방심하는 사이 자기를 절제

4장 변화하고 끊어내야 휘둘리지 않으니　　　177

하는 힘을 잃게 됩니다. 이제 고생 끝, 행복 시작이라고 느끼는 순간 이런 방종으로 체면을 구기고, 덕을 잃고, 삶을 위험에 빠뜨려서야 될까요?

중국 주나라 무왕武王이 즉위할 때에 강태공姜太公이 올린 경계 말씀이 《대대례大戴禮》의 〈무왕천조武王踐阼〉에 실려 있습니다. 여기에 "공경이 태만함을 이기는 자는 길하고 태만함이 공경을 이기는 자는 멸망하며, 의리가 욕심을 이기는 자는 사람들이 그에게 순종하고 욕심이 의리를 이기는 자는 흉하다"라는 내용이 있습니다.

오랜 기간 자기 분야에서 꾸준히 노력하여 자리를 잡고 이제는 좀 살 만해졌다 하더라도, 처음 먹었던 마음에서 멀어지지 않았나 늘 점검하고 부족한 부분을 보충하기 위해 노력하는 일을 멈추어서는 안 됩니다. 일이 잘 안 풀릴 때뿐만 아니라 일이 잘 풀릴 때에도 초심을 잃지는 않았는지 되돌아볼 줄 알아야 끝에 가서 좋은 결실을 맺을 수 있습니다.

길흉을 불러오는 것은 다름 아닌 나 자신입니다. 내가 위기를 초래한 후 누구를 탓하고 누구를 원망하겠습니까? 공경과 의리를 따르느냐, 태만함과 욕심을 따르느냐에 따라 길흉이 정해지니, 길하건 흉하건 모두 자업자득自業自得이라 하겠습니다.

산을 무너뜨리듯
분노를 잠재우라

사람은 하늘로부터
희로애락애오욕喜怒哀樂愛惡慾 칠정七情을 받는데,
쉽게 솟구쳐 제어하기 어려운 감정으로
분노만 한 것이 없다.
한번 촉발되었다 하면
말처럼 드세지고 칼처럼 날카로워진다.
기세를 타고 점점 더 커지면서
바람 앞의 사나운 불꽃이 된다.
활활 타올라 번지고 나면
그 화禍는 이루 다 예측할 수 없다.
자기만 재앙을 당하는 데 그치지 않고
부모까지 큰 화를 입게 된다.

분노가 차오르면 환란이 따를 것을 생각하라는
옛 성현의 말씀이 있다.
《주역》에서 분노를 다스리라 경계하면서
산을 무너뜨리는 모습을 취하였다.

人生氣稟, 其情惟七. 易發難制, 莫忿懥若.
一有感觸, 馬悍鋒銛. 乘氣交加, 衝風虐焰.
旣熾而蕩, 其禍不測. 非直身災, 爲親之戚.
忿而思難, 先聖之言. 易戒懲忿, 取象摧山.

이현일,《갈암집》,〈징분잠〉

조선 후기 학자 이현일李玄逸(1627~1704)의 《갈암집葛庵集》에 실
린 〈징분잠懲忿箴〉에서는 분노라는 감정의 특성과 위험을 이
야기하고 있습니다. 인간이 느끼는 일곱 가지 감정을 칠정이
라고 하는데, 그중에서도 가장 제어하기 어려운 감정이 분노
입니다. 분노는 말처럼 드세지고, 칼처럼 날카로워지며, 사
나운 불꽃처럼 점점 더 타올라 그 화가 자기뿐 아니라 부모
에게까지 미쳐서 모든 것을 새까맣게 태운다고 하였습니다.
　삶의 무게가 산처럼 무거울 때가 있습니다. 답답한 현

실 속에서 누구 하나 건드리기만 하면 폭발할 것 같은 심정에 휩싸일 때도 있을 것입니다. 우리는 불완전한 인간이기에 이렇게 감정을 통제하지 못하는 위태로운 순간을 맞을 수 있습니다. 이때 분노를 참지 못하면 큰 화를 부릅니다. 《논어》〈계씨〉에도, "분할 때에는 나중에 곤란해질 것을 생각하라"는 말이 있습니다. 화를 내는 것이 문제를 해결하기는커녕 문제를 키워 삶의 무게를 더 무거워지게 만들 수 있음을 말한 것입니다.

화가 날 때는 소리를 지르는 것이 답답한 감정을 일시적으로는 빠르고 시원스럽게 해결하는 것처럼 느껴질 수 있으나, 결과적으로는 감정을 더욱 부채질해 화만 키우는 꼴이 됩니다. 한때의 분풀이로 얻는 것은 잠깐의 통쾌함뿐입니다.

성인은 분노를 누를 때 산을 무너뜨리듯이 하라고 하였습니다. 분노가 이는 기세가 대단하다 보니, 산을 무너뜨리듯 강하게 제압하지 않으면 그 감정을 다스릴 수 없기 때문입니다. 가장 강한 감정은 가장 강한 방법으로 다스려야 합니다. 분노가 일면 따끔하게 가르쳐야겠습니다. "너와 너의 가까운 이를 망칠 수 있는데도, 분노를 못 참아서야 되겠느냐?"라고. 묵묵히 할 일을 하면서 때를 기다리면 언젠가는 답답한 상황이 지나고 화가 풀릴 날이 반드시 찾아올 것입니다. 세상에 변하지 않는 것은 없으니까요.

하느냐 하지 않느냐는
오직 내게 달려 있다

옳은 줄 알면서
어찌 하지 않을 수 있나?
옳지 않은 줄 알면서
어찌 그것을 하는가?
하느냐, 하지 않느냐는
오직 내게 달려 있다.
지금부터는
용기 있게, 결단력 있게 하기를 바란다.

旣知其可, 曷爲不爲?
旣知不可, 曷爲爲之?
惟爲不爲, 只在於己.

其始自今, 勇決是冀.

자존감이 높아질 때가 언제일까를 생각해보니, 손해를 보더라도 옳다고 생각하는 일을 할 때와 이익을 보더라도 옳지 않은 일을 하지 않을 때인 것 같습니다.

조선 후기 학자 정종로鄭宗魯(1738~1816)의《입재집立齋集》에 실린〈자경잠自警箴〉에는 옳은 일은 꼭 해야 하고, 옳지 않은 일은 절대 해서는 안 되는데, 그 결정권이 자신에게 달려 있으니 용기 있게 실행하라는 내용이 담겨 있습니다.

옳은 일을 해야 한다는 것과 옳지 않은 일을 해서는 안 된다는 것을 알지만, 옳은 줄 알면서도 하지 않고, 옳지 않은 줄 알면서도 하는 경우가 있습니다. 옳은 줄 알면서도 하지 않는 것은 나쁜 습관에 젖어 있기 때문이고, 옳지 않은 줄 알면서도 하는 것은 욕심을 끊지 못했기 때문입니다. 어떻게 하면 나쁜 습관과 욕심을 끊을 수 있을까요? 용기를 내고 결심하면 됩니다. 용기를 내서 나쁜 습관과 욕심을 끊으면 모든 사람이 성현과 같아질 수 있습니다.

《논어》〈안연顏淵〉에, "자기를 이기고 예禮로 돌아가는 것

4장 변화하고 끊어내야 휘둘리지 않으니　　183

이 인(仁)이다. 하루라도 자기를 이기고서 예로 돌아가면 천하가 그 인을 인정할 것이다. 인을 행하는 것이 자기에게 달려있지, 남에게 달려 있겠는가"라는 말이 나옵니다. 내가 나의 사욕을 이기고 자연의 흐름에 맞는 삶을 살아 어질어진다면, 나와 함께하는 이 세상도 사욕을 이기고 예로 돌아간 나를 인정해준다는 말입니다.

옛 선비들의 글에는 '자경自警'이란 단어가 많이 보입니다. 누가 시키지 않아도 스스로 자신을 점검하고 경계하는 일은 자존감을 지키는 일이었습니다. 내가 나쁜 습관에 매여있고 욕심에 사로잡혀 있으면 자존감이 떨어지기에 부단히 자신을 단속했던 것입니다. 내가 어떤 사람이 되느냐는 오직 나에게 달려 있지, 남에게 달려 있지 않습니다. 그래서 그토록 치열하게 '스스로' 경계했던 것입니다.

지혜가 뛰어난 사람은
미리 다스린다

신臣은 지혜가 뛰어난 사람은 어떤 일이 일어나기 전에 환히 알고 있으므로 난이 일어나기 전에 미리 다스리고 나라가 위태롭기 전에 미리 보전한다고 들었습니다.

또 중간 정도의 지혜를 지닌 사람은 사태가 발생한 뒤에 깨닫다 보니 난이 일어난 것을 알고서 다스릴 것을 도모하고 위태로운 것을 알고서 안정시킬 것을 도모한다고 들었습니다.

만약 난이 닥쳤는데도 다스릴 것을 생각하지 않고 위태로움을 보고도 안정시킬 방도를 강구하지 않는다면 지혜가 형편없는 자가 될 것입니다.

臣聞上智明於未然, 制治于未亂, 保邦于未危; 中智覺於

已然, 知亂而圖治, 識危而圖安. 若夫見亂而不思治, 見危
而不求安, 則智斯爲下矣.

이이, 《율곡전서》, 〈진시폐소〉

이이의 《율곡전서栗谷全書》에 실린 〈진시폐소陳時弊疏〉를 보면
당시의 폐단에 대해 아뢴 내용이 있습니다. 지혜가 뛰어난
사람은 위태로움을 미리 알고 대비해 나라를 보전할 수 있
고, 중간 정도의 지혜를 지닌 사람은 사후에 안정시키지만,
지혜가 형편없는 사람은 위태로움을 보고도 아무 생각이 없
어 안정시킬 방도를 강구하지 못한다고 말하고 있습니다.

가정이나 나라가 기우는 상황은 윗사람이 윗사람 노릇
을 못하는 데서 비롯됩니다. 위의 상소는 1582년(선조 15년)
9월에 올린 것인데, 이이는 어린아이도 국가가 위태로운 상
황임을 안다며 피를 토하는 심정으로 말씀을 올렸고, 임금이
현실을 제대로 인식하고 대책을 마련하기를 촉구했습니다.
그러나 선조는 이를 듣고도 대처하지 못했고, 이로부터 십
년 뒤 임진왜란이 일어났습니다. 율곡 선생이 이 글을 올리
면서 '밤중에 베개를 어루만지며 새벽까지 잠 못 이룬다'고
한 것을 통해 그때의 심정이 얼마나 절박한 것이었는지를 알

수 있습니다.

《주역》곤괘坤卦에, "서리를 밟을 때가 되면 곧 얼음이 얼 때가 닥친다"라는 말이 있습니다. 어떤 일의 조짐이 보이면 머지않아 큰일이 일어날 것이니 미리 대비하라는 것입니다. 대처는 빠르면 빠를수록 해결이 쉽고, 늦으면 늦을수록 해결이 어렵습니다.《시경》〈치효鴟鴞〉에도 "하늘에서 장맛비가 내리기 전에, 저 뽕나무 뿌리를 거두어 모아다가 출입구를 단단히 얽어서 매어놓는다면, 지금 너희 백성들이 혹시라도 감히 나를 업신여길 수 있겠는가?"라는 말이 있습니다. 우환 은 우환이 닥치기 전에 미리 막아야 한다는 뜻입니다.

오늘날에도 정치 사회적 문제나 전쟁이나 기아, 기후 변화 등 절박한 현실적 문제 앞에서 율곡 선생처럼 밤중에 베개를 어루만지며 새벽까지 잠 못 이루고 걱정하는 사람이 많이 있습니다. 그렇게 걱정하고 문제를 해결하려는 사람들이 있어 세상이 조금씩 바뀌어가는 것입니다. 한 사람 한 사람이 변화를 이끌어내기 위해 최선을 다할 때, 세상 걱정에 베개를 어루만지며 새벽까지 잠 못 이루는 사람이 많을 때 변화의 아침을 맞이할 수 있습니다.

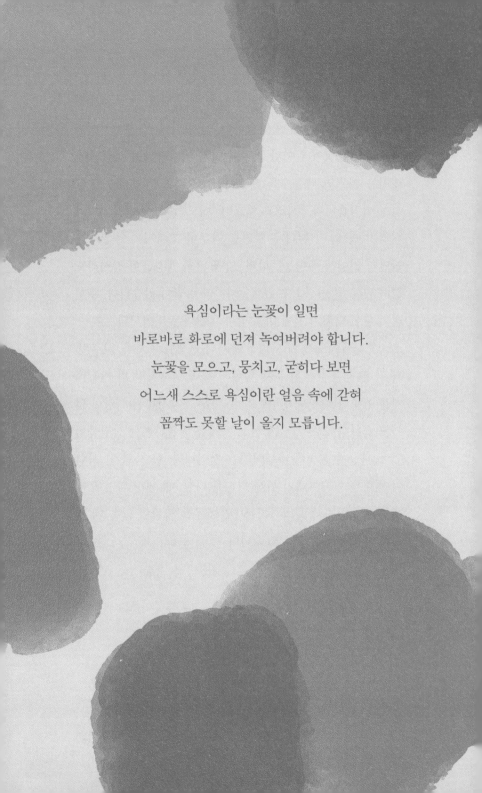

욕심이라는 눈꽃이 일면
바로바로 화로에 던져 녹여버려야 합니다.
눈꽃을 모으고, 뭉치고, 굳히다 보면
어느새 스스로 욕심이란 얼음 속에 갇혀
꼼짝도 못할 날이 올지 모릅니다.

5장

자기답게 살 때
인생의 주인공이 된다

나답게 살아가는 일상의 참맛

꽃이 사랑스러운 것은
무정해서라네

1, 2년 사이 나는 꽃나무 심기를 좋아하여 서재 앞에 붉은 꽃, 흰 꽃을 심어두었다. 퇴근하고 관복을 벗자마자 꽃나무 주위를 돌면서 읊조리는데, 어떤 때에는 손님이 와도 온 줄 몰랐다. 무관懋官* 이덕무가 괴이하게 여겨 물었다.

"꽃이 뭐가 좋습니까?"

내가 말했다.

"반평생을 정에 시달렸지요. 내가 좋아하건 남이 좋아하건 거기에 얽매여서 놓여날 수 없었습니다. 새와 짐승도

* 이덕무의 자字다. 자는 성인이 되었을 때 관례冠禮를 치르면서 받는 이름이다. 본명보다 자나 호를 부르는 경우가 많았다.

먹여서 길들이고 나면 바로 그 주인에게 연연했지요. 하
지만 꽃은 그렇지 않습니다. 내가 사랑을 주어도 저들은
덤덤하여 정이라고는 없지요. 그래서 좋아합니다."
무관은 잠자코 말이 없었다.

一二年來, 余喜植花木, 書齋前, 紅白略備. 公退之餘, 甫解
帶, 繞樹沈吟, 或客至而不覺. 懋官怪問之曰: "花有何好?"
余曰: "半生爲有情所困. 我愛人愛, 纏綿不可解. 雖鳥獸,
飼而馴之, 輒戀其主人. 花則不然, 我愛而彼漠然無情, 故
可喜也."
懋官默然.

유득공, 《고운당필기》, 〈화무정고가애〉

조선 후기 실학자 유득공柳得恭(1749~1807)의 《고운당필기古芸
堂筆記》에 실린 〈화무정고가애花無情故可愛〉는 '꽃은 무정하기에
사랑스럽다'는 뜻입니다. 이 작품을 보면 그가 꽃을 보며 조
용한 마음의 잔치를 벌인 것을 알 수 있습니다. 사랑을 주어
도 덤덤하기만 한 꽃에 마음이 이끌린 것은, 정에 얽매여 힘
들었던 일들 때문이 아니었을까 싶습니다.

만나서 좋은 친구만 있다면야 문제될 게 없지만 만나서 좋을 게 없는 사람을 만나면 쉽게 피곤해집니다. 남이 듣건 말건 자기 말만 하는 사람, 억지 주장을 하면서 우기는 사람, 허세 부리며 잘난 체하는 사람, 남을 깎아내리는 방식으로 자신이 우월한 것처럼 포장하는 사람들과 이야기하면 진이 빠집니다. 서로 맞지 않는 사람과 어떻게든 관계를 유지하려 애쓰면서 힘을 빼느니, 차라리 느긋한 마음으로 나만의 잔치를 벌이는 게 마음속에 걸리는 것 없이, 조금 더 편안한 삶을 누리는 길일지도 모르겠습니다.

《시경》위풍衛風 〈고반考槃〉에 실린 첫 수입니다.

시냇가에 은거할 집 완성하니
대인의 마음 여유롭네
홀로 자고 일어나 말하노니
영원히 이 즐거움을 잊지 않으리

考槃在澗 碩人之寬
獨寐寤言 永矢弗諼

시인은 시끌벅적한 장소를 떠나 자연 속에 은거하며, 혼잣말을 할지언정 이렇게 여유 있는 삶의 즐거움을 영원히 잊지 않겠다고 다짐합니다.

나를 의식하지 않는 대상과 대상을 의식하지 않는 내가, 같은 공간 안에서 제각기 무심하게 존재할 수 있는 지점에 놓일 수 있다면, 이곳이 바로 마음의 잔치 자리가 아닐까 싶습니다. 내 생활 속에 무정한 듯하지만 내 마음을 다 받아주는 꽃 같은 존재를 들이고, 하루에 잠깐이라도 누구의 눈치도 보지 않고 온전한 나로 존재할 수 있는 시간을 가질 수 있다면 이를 통해 점점 더 가벼워지는 법을 배울 수 있을 것입니다.

짧더라도 가장 나답게 머물 수 있는 시간을 내고, 작더라도 누구에게 방해받지 않을 공간을 마련해 차 한 잔 하는 것도 혼자만이 할 수 있는 큰 잔치입니다. 매일매일 주변의 소란에서 잠시 벗어나 나만의 잔치를 즐기는 것도 미룰 수 없는 과제입니다.

꼭 필요한 것들만
갖추고 생활하는 것

어떻게 하면 온통 철로 지은 듯 튼튼한 집에 바위를 깎아 세운 듯한 담장을 둘러서 폭우에도 새지 않고 무너지지 않는 데서 살아볼까요? 문에는 옷 널어 말리는 줄을 매지 않고, 뜨락에는 벼를 말리는 멍석이 펴져 있지 않고, 안방에는 다듬잇방망이와 다리미, 칼과 자가 어지러이 널려 있지 않아요.

아내는 고기와 채소가 많네 적네 두 번 세 번 값을 따지며 계집종을 나무라지 않고, 어린아이는 울지 않고, 큰 아이는 가서 글을 읽으라는 재촉을 받지 않고, 사내종은 말을 보고 성내며 욕하지 않고, 계집종은 신경질을 부리며 그릇을 통탕거리지 않고, 온 집안 식구 모두 병이 없어요.

방 하나 깨끗하게 장만해서 내가 그 안에 거처하며 온종일 책을 마주해 앉거나 글을 짓지요. 속된 손님 찾아오지 않아서 시간 다투어 칠언율시七言律詩에 차운次韻●할 일 없고, 남의 집에 가서 밤새도록 술 마시고 두통으로 앓아눕는 일도 없지요. 봄날이면 친구들과 한두 차례 봄꽃 보러 가서는 깜깜해지기 전에 집에 돌아오지요.

安得屋如渾鐵鑄, 墙如削石成, 大雨不漏不壞? 當門勿繫曬衣索, 當階勿展曬稻席, 內堂中砧杵、熨斗、刀尺, 勿太狼藉. 妻不以魚蔬多寡, 誚婢再三追價. 小兒不啼, 大兒不勸去讀書, 奴不怒詈馬, 婢不怒撞器, 渾舍無病. 淨掃一室, 令我處其中, 終日對書坐, 或著書. 俗客不來, 無及期次韻七言律詩, 不向人家終夜飮酒, 頭痛岑岑臥. 春時與親友一二番去看花, 未昏黑而歸哉.

유득공, 《고운당필기》, 〈상원직중어〉

《고운당필기》에 실린 〈상원직중어上元直中語〉는 유득공이

● 남이 지은 시의 운자韻字를 따서 시를 짓는 일.

1784년(정조 8년) 정월 보름날 숙직하면서 이덕무와 나눈 말입니다. 이 글에서 저자는 그가 바라는 삶의 모습을 나열하고 있습니다.

폭우에 무너질 일 없는 튼튼한 집에서 너저분한 짐들을 싹 치우고 꼭 필요한 것들만 조촐하게 갖추고 생활하는 것. 집안 식구 모두 건강하고, 사소한 일로 서로 간섭하느라 집안이 시끄러워지지 않는 것. 조용한 집에서 경전을 읽고 글을 짓고, 괜한 인간관계를 유지하겠다고 성가시고 괴로운 일 만드는 일을 하지 않는 것. 꽃 피는 봄날 좋은 친구와 만나 꽃놀이를 하고, 해가 지기 전 일찌감치 집에 돌아오는 것. 담박한 삶을 추구한 옛 선비들의 '미니멀 라이프' 모습이 이 글 속에 고스란히 담겨 있습니다.

《논어》〈술이〉에, "군자는 마음이 평탄하여 넓디넓고, 소인은 늘 근심만 한다"라는 공자의 말이 있습니다. 근심 걱정의 원인을 파고들면 더, 더, 더 하는 욕심과 조바심이 한자리를 차지하고 있습니다. 마음에서, 생활 속에서 불필요한 것을 덜어낼 줄 안다면 마음이 생각에 부림을 당하지 않고 평탄하게, 평화로운 일상을 꾸려갈 수 있습니다. 결국은 욕심을 줄이는 것이 관건입니다.

마음 편히 사는 것이 행복이라면 이 정도로 살면 되지 않을까요? 덜 중요한 일을 내려놓고 소중한 것들을 놓치지 않으리라는 다짐을 하고, 누구한테 대접받을 생각을 하지 않고, 부질없는 만남에 연연해하지 않고, 내가 나답게 사는 데 필요한 최소한의 것들만 잘 관리하면서 그렇게 살면 되지 않을까요? 깨끗하게 정돈된 방, 소박한 세간, 경전 몇 권, 마음 맞는 친구 몇 명, 꽃 피는 자리 몇 군데 정도 마련해둔다면 돈은 좀 없더라도 노후 생활이 풍성해질 수 있을 것 같습니다. 나는 어떤 삶을 살고 싶은지 구체적으로 그려보아야겠습니다.

마음이 화평하지 못하면
법도를 잃게 된다

아, 사람은 저절로 착해지지 않으니 반드시 가르친 다음
에야 착해진다. 왜일까? 희喜·노怒·애哀·구懼·애愛·오惡·욕慾,
즉 칠정七情이 마음속에서 교차하여 그 화평和平함을 얻지
못하고 있기 때문이다.

느낌이 일어 좋아져서 빠져들기도 하고, 발끈해서 격해져
분노하기도 하며, 근심하기도 하고 두려워하기도 하며,
노려보기도 하고 흘겨보기도 하여 그 마음이 화평할 때가
없다. 마음이 화평하지 못하니 몸가짐도 그에 따라 어긋
나 움직임과 하는 일이 모두 그 법도를 잃게 된다.

그러므로 성인聖人이 거문고[琴]·비파[瑟]·종[鐘]·북[鼓]·경쇠
[磬]·피리[管] 등의 소리를 연주하여 아침저녁으로 귀로 흘
러들게 하고, 마음으로 흘러들게 하여 그 혈맥血脈을 움직

여 흔들어서 화평하고 화락한 뜻을 흔들어 깨웠다. 그리
하여 순舜 임금의 음악 소韶가 완성되자 여러 관아의 장관
이 화락해지고, 요堯 임금의 아들 우빈虞賓이 덕을 보여 천
자의 지위를 사양하였다. 그 효과가 이와 같은 것이 있었
으니, 사람을 가르칠 때 반드시 음악을 가지고 하는 것이
마땅하지 않겠는가.

嗟乎! 人不能自然而善, 必教而後善, 何則? 七情交於中而
不得其和也. 或歆歆然有所悁而淫焉, 或怫怫然有所激而
憓焉, 或戚戚焉, 或慄慄焉, 或眈眈焉, 或盻盻焉, 而其心無
時而得和矣. 心不和則百體從而乖, 而動作周旋, 皆失其
度. 故聖人爲之琴瑟鍾鼓磬管之音, 使朝夕灌乎耳而漑乎
心, 得以動盪其血脈, 而鼓發其和平愷悌之志. 故韶之旣
成, 庶尹允諧, 虞賓德讓, 其效有如是者矣. 敎人之必以樂,
不其宜乎?

정약용, 《여유당전서》, 〈악론〉

배가 고프면 밥을 먹고, 추우면 옷을 입는 것처럼 마음이 힘
들 때 음악을 통해 위로를 받고 기분을 전환하는 것은 생활

에 큰 힘이 되는 일입니다.

조선 후기 실학자 정약용丁若鏞(1762~1836)의《여유당전서與猶堂全書》에 실린〈악론樂論〉에서는 음악을 통해 마음이 화평해지고 내면이 충실해질 수 있다고 이야기합니다. 그는 음악이 혈맥을 움직여 흔들어서 화평하고 화락한 뜻을 깨우고 교화시킬 수 있으니, 사람을 가르칠 때에도 음악을 가지고 해야 한다고 말하였습니다.

《논어》〈태백泰伯〉에도 "시를 통해서 마음을 일으키고, 예禮를 통해서 원칙을 세우고, 악樂을 통해서 덕성을 완성한다"라는 공자의 말이 나옵니다. 예가 땅의 질서를 닮은 것이라면, 악은 하늘의 조화를 닮은 것입니다. 예악은, 칠정이 날뛰는 땅 위의 거친 마음을 달래어 하늘을 닮은 화평한 상태로 되돌려줍니다. 조화로운 음악을 들으면 내 마음도 경건해지고, 하늘을 닮은 사람이 되어 조화롭게 어울릴 수 있는 상태가 됩니다. 경전은 아니지만 경전을 읽을 때처럼 마음을 제 고향에 데려다놓습니다.

음악은 감정의 출렁임을 우아하게 정리해줍니다. 생각의 범람 속에서 들여다보지 못한 나의 감정과 기분을 지켜봐주고 우울한 기분을 전환해주니, 정신 건강을 지켜주는 약과도 같습니다. 이젠 언제 어디서든 원하는 음악을 골라 들을 수 있는 시대입니다. 매일매일 음식을 먹어 몸을 기르듯이, 매일매일 음악을 들어 마음을 화평하게 하는 시간을 가져야

겠습니다. 듣고만 있어도 느긋해지고 편안해지는 좋은 음악
을 골라 들으며 응어리진 마음을 풀고 내면의 깊은 평화 속
으로 들어가보아야겠습니다.

도는 깊숙하고
한적한 곳에 있다

무릇 하늘이 누군가를 성공시키고자 하면 반드시 먼저 어렵고 험난한 경우를 주어 시험하게 되는데, 이는 음양陰陽의 운수이다. 그대가 죄가 없는데도 그곳으로 떨어져 가게 되었으니, 이는 분명 앞으로 큰 복이 찾아올 조짐이다. 이것이 첫 번째 축하할 만한 일이다.

대체로 도를 깊이 체득한 자는 대부분 깊숙하고 한적한 곳에 있다. 어째서 그런가 하니, 그 마음에 집중해서 몰입에 들어갈 수 있기 때문이다. 지금 그대가 가는 곳은 조용하고 사람도 드물며, 관직도 한가하고 일 처리도 간단하여 한 가지 일도 마음에 걸릴 것이 없다. 그러니 늘 텅 빈 곳에서 편안히 기대앉아 아무 생각 없이 자신을 잊고, 처음 생겨난 지점에서 노닐면 그 도가 점점 더 깊어질 것이다. 도가 내면에 충만해지면 얼굴에도 윤기가 돌아 자연히 어린아이 때로 돌아가 반드시 신선 같은 인물이 될 것이다.

혹시 아는가? 돌아오는 날 그 몸이 장자莊子나 노자가 되어서 올지, 아니면 안기생安期生*이나 선문자羨門子**처럼 되어서 올지? 그렇게 되면 우리도 옷자락을 부여잡고 도를 묻게 될 것이니, 이것이 두 번째 축하할 일이다.

떠나면서 지나치게 상심하지 말고, 때때로 나의 말로 마음을 달래라. 천 리 멀리 떠나는 이별 앞에 어찌 눈물이 나지 않겠는가? 옷소매를 부여잡고 만류하고 싶지만 그런다고 되겠는가?

夫天欲成就之, 必先試艱險, 是陰陽之數也. 子無罪而謫, 此必大福將至之漸也. 是可賀一也. 大抵得道之深者, 多在幽閒闃寂之地. 何則? 專其心一其入故也. 今子之所之, 地寂而人稀, 官閒而務簡, 無一事敢干於心者. 常隱几於虛白之空, 嗒然喪耦, 遊於物之初, 則其道之入也愈深矣.

- 중국 진시황이 동쪽을 유람할 때 만난 선인. 진시황에게 자신을 보고 싶으면 수십 년 뒤에 봉래산蓬萊山으로 찾아오라고 한 뒤 자취를 감췄다고 한다.
- 진시황이 일찍이 동해에 노닐면서 찾았던 선인인 선문자고羨門子高이다.

道旣充中, 面澤外發, 自然還童, 必作神仙中人也.

不知返轅之日, 將莊、老其身而來耶? 抑爲安期、羡門子
而至耶? 吾輩亦摳衣問道矣. 是可賀二也. 行矣毋多傷, 時
或以吾言慰其情耳. 千里遠別, 得無垂涕? 挽袖欲留, 其可
得乎?

이규보, 《동국이상국집》, 〈송이사관부관거제서〉

고려 시대 학자 이규보李奎報(1168~1241)의 《동국이상국집東國李
相國集》에 실린 〈송이사관부관거제서送李史館赴官巨濟序〉는 '거제巨濟
에 부임하는 이사관李史館을 전송하는 글'이라는 뜻입니다.

이규보는 한림원에서 역사를 편수하는 직임을 맡아 성
실하게 임무를 수행한 벗이 승진해야 마땅한데도, 남들이 좌
천되는 곳으로 부임하게 되자 이를 몹시 안타까워합니다. 그
리고 이 일이 더 좋은 계기가 될 것이라고 말하며 시련을 겪
고 있는 벗의 마음이 꺾이지 않도록 위로와 격려를 전하고
있습니다. 벗의 부임지는 "물 가운데 집이 있고, 사면에는 넘
실거리는 바닷물이 둘러 있으며, 독한 안개로 찌는 듯이 무
덥고 태풍이 끊임없이 일어나며, 여름에는 벌보다 큰 모기떼
가 모여들어 사람을 무는" 남쪽 최남단입니다.

이규보는 그럼에도 불구하고 축하할 일이 두 가지 있다고 이야기합니다. 먼저, 중심에서 밀려나 소외되었다 느끼고 자존감이 떨어져 있을 상대에게, 멀리 떠나는 것이 오히려 존재를 깊이 파고들 귀한 기회를 얻은 것일 수 있다고 일깨워줍니다. 그리고 이 소중한 시간을 가치 있게 잘 사용해 대자유인이 되어 돌아오는 날, 모두가 그를 우러러 맞이할 것이라며 멋진 미래의 청사진도 보여줍니다.

같은 상황이라도 마음을 어떻게 먹느냐에 따라 약이 될 수도 있고, 독이 될 수도 있습니다.《맹자》〈고자 하告子下〉에, "하늘이 누군가에게 큰 소임을 내리려면 반드시 먼저 그 심지心志를 괴롭게 하고 그 살과 뼈를 고달프게 하며, 그 신체와 피부를 마르게 하고 그 몸을 궁핍하게 하며, 그가 하는 일마다 잘못되고 어긋나게 하는데, 이는 마음을 분발시키고 성격을 강인하게 함으로써 그의 부족한 능력을 키워주려는 것이다"라는 말이 있습니다.

사람은 단련을 통해 능력이 길러집니다. 모든 것이 더 강인해지는 과정이라 생각하면 인생길에서 겪는 어려움도 큰일을 잘해내기 위해 맷집을 기르는 과정에 지나지 않습니다. 안 겪었으면 좋았을 일도 있지만, 겪었다 해도 그것을 통해 더 단단해질 수 있다면 무엇 하나 헛된 경험은 없을 것입니다. 어려운 시기에 내게 일어나는 일들을 어떤 태도로 수용할 것인지, 이 경험을 자양분 삼아 앞으로 어떻게 살아갈

것인지를 잘 생각한다면 나를 더 잘 이해할 수 있고, 앞으로
남은 삶의 방향을 잘 정할 수 있습니다. 천둥이 먹구름 속에
서 울고 난 뒤에는 예쁜 가을 국화꽃이 피어날 것입니다.

덕을 쌓는 법은
무덕無德만 한 것이 없다

복을 구하는 도는 덕을 쌓는 것만 한 것이 없는데,
덕을 쌓는 방법으로 무덕만 한 것이 없다. 무덕이란 무엇
인가?
은혜를 베푸는 자가 이름을 내지 않아 은혜를 입는 자가
인사도 하지도 않는 것, 그것을 무덕이라 한다.

求福之道, 莫如積德; 積德之法, 莫如無德. 無德者, 何也?
施者無名, 受者不謝, 斯之謂無德也.

정약용,《목민심서》,〈진황육조·권분〉

사람들은 모두 복을 받기를 원합니다. 그리고 그 복은 어디에선가 톡 떨어지는 것이라 여깁니다. 그런데 복도 지어야 받을 수 있음을 알려주는 글이 있습니다.

정약용이 관리의 올바른 마음가짐과 몸가짐에 대해 기록한 《목민심서牧民心書》에 실린 〈진황육조·권분賑荒六條·勸分〉에서는 복을 짓는 것은 덕을 쌓는 데 있다고 하였고, 덕을 쌓는 가장 좋은 방법은 무덕이라고 하였습니다. 무덕은 진심에서 우러나 선행을 하고, 그것을 또 마음에 담아두지 않는 것을 뜻합니다. 은혜를 베풀고도 알아주기를 바라지 않으니 은혜를 입은 사람도 인사를 할 일이 없는 경우입니다.

'왼손이 하는 일을 오른손이 모르게 하라'는 말이 있긴 하지만, 뭐 좀 했다 하면 생색을 내고 싶고 인정을 받고 싶어 하는 게 사람 심리입니다. 그러니 복을 지을 좋은 일을 하고도 드러내지 않고, 전혀 마음 쓰지 않는다는 게 쉬운 일은 아닙니다.

중국 당나라 현종玄宗 치세의 궁중과 민간의 고사를 모아 놓은 《개원천보유사開元天寶遺事》라는 책이 있습니다. 이 책에 실린 〈유각양춘有脚陽春〉에는 당시 재상을 지낸 송경宋璟의 이야기가 있습니다. 송경이 백성에게 큰 은혜를 베풀자, "그의 발길이 닿는 곳마다 따뜻한 봄빛이 만물을 비춰주는 것 같다"라면서 백성들이 그를 '다리 달린 봄[有脚陽春]'이라고 불렀다는 고사가 있습니다. 이렇게 자신이 가진 능력으로 타인을 도와 그들이 등 따습고 배부르고 마음 편히 살게 해주면 그것으로 소임을 다한 것입니다.

요즘은 마땅히 해야 해서 한 일을 가지고도 현수막을 걸어 공치사를 하고 홍보하는 것이 일반적인 추세이지만, 자기가 한 일을 생색내지 않고 바로 잊는 것이 덕을 쌓아 복을 받는 방법이라고 합니다. 나에게 이익이 돌아오는 것은 생각지 않고 기쁜 마음으로 기꺼이 수고하는 일이 쌓일 때, 우리의 덕이 쌓이고 그로 인해 복을 받게 되는 것입니다.

살아온 날들을 되돌아보면 알게 모르게 수많은 은혜를 입었구나 싶어 감사할 때가 있습니다. 이제는 내가 따스한 마음으로 타인을 배려하는 '다리 달린 봄'이 될 차례입니다. 모두가 각자의 자리에서 '다리 달린 봄'이 되면 발길 닿는 곳마다 꽃들이 화사하게 피어나 세상이 더 환해질 것입니다.

상한 고기를
마저 사 와라

상국相國[*] 홍서봉洪瑞鳳의 어머니는 집안이 몹시 가난하여 거친 밥과 나물국도 거르는 날이 허다했다. 하루는 여종을 보내 고기를 사 오라 하였는데, 고기 빛깔을 보니 상해서 독이 있는 것 같았다. 그러자 부인은 여종에게 물었다.

"파는 고기가 몇 덩이쯤 남았더냐?"

대답을 듣고는 머리 장식을 팔아 돈을 마련하여 여종에게 남은 고기를 모두 사 오게 하고, 그것을 담장 아래 묻었다. 다른 사람들이 먹고 탈이 날까 걱정해서였다.

* 재상을 부르는 또 다른 호칭

洪相國瑞鳳之大夫人, 家甚貧, 疏食菜羹, 每多空乏. 一日
遣婢, 買肉而來, 見肉色似有毒. 問婢曰: "所賣之肉, 有許
塊耶?" 乃賣首飾得錢, 使婢盡買其肉, 而埋于墻下, 恐他
人之買食生病也.

젊은 시절의 삶이 쉬지 않고 운행하는 하늘의 모습을 닮았다
면, 중년 이후의 삶은 만물이 결실을 맺을 때까지 꿋꿋이 챙
기고 돌보아주는 땅의 모습을 닮은 것 같기도 합니다. 더불
어 사는 존재들을 내 몸처럼 소중히 여기고 보살피는 마음을
통해 작은 나를 넘어 더 큰 나로 확장되어가는 일도 인생에
남은 과제입니다.

조선 시대 명인들의 언행을 간추려서 편찬한《해동소학
海東小學》에는 인조 때 영의정을 지낸 홍서봉(1572~1645)의 어
머니 유씨柳氏 부인에 관한 미담이 실려 있습니다. 유씨 부인
은 여종이 사 온 고기가 상한 것을 보고, 상한 고기를 사 온
여종을 꾸짖거나 고기를 바꿔 올 것을 요구하지 않았습니다.
오히려 남은 고기도 마저 사 오라고 합니다. 없는 살림에 한
번 손해를 본 것도 모자라 머리 장식까지 팔아가며 남은 고

기를 사 오도록 하였으니, 누가 보더라도 참 이상한 결정입니다.

이것이 가장 합리적인 문제 해결 방법은 아닐 수도 있겠지만, 오늘날처럼 각박하게 살아가는 세상에 울림을 주는 일화인 것은 분명합니다. 장사하는 사람이 이익을 얻기 위해 누군가에게 상한 고기를 팔지도 모른다고 판단했기 때문에, 누군가 먹고 탈이 나는 것을 막으려면 사서 없애는 수밖에 없다고 본 것입니다. 내 돈이 없어지는 것은 작은 문제이고, 누군가 상한 고기를 먹어 탈이 나는 것은 큰 문제라고 생각하여 큰일을 막는 판단을 내린 것입니다.

《맹자》〈양혜왕 하梁惠王下〉에, 제나라의 제선왕齊宣王이 왕도 정치에 대해 묻자, 맹자가 답한 내용이 실려 있습니다.

"늙어서 아내가 없는 자를 홀아비[鰥]라 하고, 늙어서 남편이 없는 자를 과부[寡]라 하고, 늙어서 자식이 없는 자를 홀몸노인[獨]이라 하고, 어려서 부모가 없는 자를 고아[孤]라 합니다. 이 네 부류는 어디에도 하소연할 데가 없는 천하의 곤궁한 백성들인데, 문왕은 선정善政을 펴고 인정仁政을 행할 때, 반드시 이 네 부류의 사람들을 가장 먼저 배려하였습니다."

이상 사회는 특별한 것이 아닙니다. 소외된 사람들을 돌보고, 나와 내 가족뿐 아니라 이웃과 사회도 생각하는 마음을 가진 사람이 많으면 이상 사회를 이룰 수 있습니다. 유씨 부인처럼 대아를 위해 소아를 희생하면서까지 보살피는 어머니의 마음으로 이웃을 생각하는 시민들이 늘어난다면 세상은 살 만한 곳이 될 것입니다. 우리는 '네가 아프면 나도 아픈' 하나의 운명체입니다. 생명과 환경에 대한 감수성을 회복하여 이웃과 지구를 내 몸처럼 아끼는 인식이 커져가기를 바랍니다.

종묘의 옥술잔을
부러워할 게 뭐 있겠나

처마에서 떨어지는 낙숫물 소리

온종일 쉬지 않고 들려온다.

다 쓰러져가는 집, 지대가 낮고 비좁아

집 앞 골목길도 온통 진흙탕이네.

본래부터 잘 왕래하지 않았으니

지금 소식 없는 것도 이상할 건 없지.

나는 지금 병을 끼고 지내면서

기질이 다시 제멋대로인 상태가 되었네.

예전에는 글 읽기를 좋아했는데,

이제는 이것도 귀찮아지네.

작은 창문 앞에 기대어 휴식 취하며

의관도 훌러덩 벗고 지내네.

조용히 지내며 사물의 이치 살피니,
번뇌 망상이 저절로 씻기네.
우주 안에 함께하는 모든 생명들,
만물이 하나로 돌아간다네.
높이 오르건 낮은 데 거하건
잘났느니 못났느니 따질 것 없네.
기왓장 조약돌도 다 쓸모가 있거늘
종묘의 옥술잔을 부러워할 게 뭐 있겠나?
붕새가 하늘 끝까지 간다 하여
참새 새끼를 하찮게 여길 일인가?
달인은 집착하는 마음 없어
마음 항상 널찍하고 공평하네.
그대여 소요하는 장자莊子를 보게나.
어찌 책 읽을 줄만 아는 완緩˙을 배우리?
시를 쓸 책상과 바둑판,
약 달이는 화로와 다기 정도 있으면 되네.
한평생 만족하며 살 수 있으니
애면글면 번민하며 살지 않으리.

˙ 《장자》〈열어구列禦寇〉에 나오는 인물. "정나라 사
  람 완緩이 구씨裘氏의 땅에서 3년간 끙끙대고 나서
  유자儒者가 되었다"라는 내용이 보인다.

도성 서쪽에 살고 있는 기암자畸庵子,

참으로 뜻 맞는 나의 벗이네.

동병상련同病相憐인데도

자주 만나 회포 풀 길이 없구나.

浪浪簷間雨, 盡日聲不斷. 弊居苦湫隘, 門巷泥濘滿.

本自寡往還, 何怪今絶罕. 伊我方抱病, 性復愛散誕.

舊嘗嗜讀書, 而今此亦懶. 小窓寄息偃, 露頂且裸袒.

靜居觀物理, 煩心自滌浣. 群生共宇內, 萬品歸一算.

登高與居下, 未可較長短. 瓦礫各有適, 何曾慕珪瓚.

大鵬彌天隅, 詎可小鷇卵. 達人貴無累, 心地恒蕩坦.

君看逍遙周, 豈學呻吟緩. 詩牀及棋局, 藥爐兼茶盌.

自足了生涯, 無爲强悶懣. 城西畸庵子, 實我同志伴.

同病但相憐, 無由數吐款.

장유, 《계곡집》, 〈우중기기암자〉

'어떻게 살 것인가?'는 모든 이의 화두입니다. 나는 무엇을 좋아하는 사람인가? 모든 것이 내 뜻대로 된다면 하루를 어떻게 보내고 싶은가를 생각해봅니다. 내가 무엇을 좋아하는

지와 어떻게 살고 싶은지만 정리되어도 마음은 한결 편안해
질 것 같습니다. 하지만 어떻게 살아야 할지 잘 모르겠다면
번민할 것이 아니라 우선은 쉬고 보자 하는 마음으로 쉬면
서, 일상 속 작은 것부터 하고 싶은 일들을 하나둘 해보는 것
도 좋겠습니다.

　장유의 《계곡집》에 실린 〈우중기기암자雨中寄畸庵子〉는 비
오는 날 친구 기암자 정홍명鄭弘溟(1582~1650)을 떠올리며 지
은 시인데, 이 시에는 한가로이 지내는 생활 모습과 중심을
잃지 않고 살려는 인생 철학이 담겨 있습니다.

　저자는 한평생 만족하며 살 수 있으려면 먼저 번민하는
마음을 내려놓는 일이 필요하다고 보았습니다. 이 세상에 태
어난 모든 생명들이 돌아가는 곳은 다 같은데, 그 잠깐을 살
다 가면서도 높이 올랐네 못 올랐네, 잘났네 못났네 따지느
라 한눈파는 것을 부질없다고 여깁니다. 다 저대로 쓸모가
있게 태어나 그 쓰임을 다하면 다 훌륭해질 수 있으니, 남과
나를 비교하느라 신경을 쓰는 것은 하나도 득이 될 게 없음
을 이야기합니다. 그저 시를 쓸 책상과 바둑판, 약과 차를 마
실 수 있는 그릇 정도만 갖추어두어도 마음이 든든해진다는
것을 알 수 있습니다.

　자기만의 공간을 갖고 좋아하는 일들을 하며 쉬는 것은
삶의 깊이를 더해줍니다.

　《맹자》〈고자 상告子上〉에는 "낮 동안에 저지르는 행위가

양심을 해쳐 상실되게 하니, 이러한 행위가 반복되면 야기夜氣가 보존되지 못하고, 야기가 보존되지 못하면 금수禽獸와 다를 게 별로 없다"라는 구절이 있습니다. 야기는 사람이 잠을 자고 새벽에 일어났을 때의 물욕이 싹트지 않아 깨끗한 심기心氣 상태를 말합니다. 바삐 보낸 낮이 지나면 온전히 쉴 수 있는 밤이 찾아옵니다. 밤은 낮에 있었던 일을 모두 잊고 온전히 쉬는 시간입니다. 바쁜 시기가 지났을 때도 마찬가지입니다. 바쁜 일을 하는 동안 부산했던 마음을 시간을 두고 온전히 쉬어주어야 그간의 일들을 정리하고 반성하며 스스로 성장할 기회를 가질 수 있습니다.

참새로 태어나 참새로 살든, 봉새로 태어나 봉새로 살든, 각자 제 삶의 주인으로서 자기답게 사는 일을 챙겨야 합니다. 이리저리 눈치 보랴 자기 마음의 소리를 듣지 못하는 일이 없도록 일상을 잘 유지하면서 중심을 잡는 게 중요합니다. 그러려면 우선 몸과 마음을 잘 쉬어주어야겠습니다.

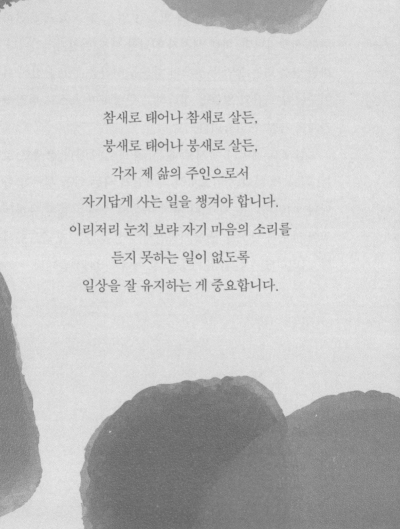

참새로 태어나 참새로 살든,

붕새로 태어나 붕새로 살든,

각자 제 삶의 주인으로서

자기답게 사는 일을 챙겨야 합니다.

이리저리 눈치 보랴 자기 마음의 소리를

듣지 못하는 일이 없도록

일상을 잘 유지하는 게 중요합니다.

권세를 잃은 뒤
어디에 정박할 것인가

권세 있는 사람과 권세 없는 사람의 차이는 나무 인형과 진흙 인형의 차이와 같다. 패망했을 때 권세 없는 자는 진흙 인형이 흙으로 돌아가는 것과 같아서, 성공하나 패망하나 별 차이가 없다. 하지만 권세 있는 자는 물 위에 떠다니는 나무 인형과 같으니, 끝내 어디에 정박할 것인가?

마고麻姑 선녀는 억겁의 세월을 살아 동해의 바닷물이 얕아지는 것을 세 번이나 보았다고 한다. 나도 늙어 남의 집안의 흥망성쇠를 많이 보아왔으니, 억겁의 세월을 살아온 선녀와 뭐가 다르겠는가.

대체로 모두가 물 위에 떠다니는 나무 인형 신세이니, 험한 곳에서 곤궁하게 살다가 죽는 것이 도리어 다행스러운 일이다.

有勢無勢之人, 猶土木偶之別也. 方其敗也, 無勢者猶土
偶之歸土, 成敗等也; 有勢者猶木偶之漂流, 終安所止泊
哉? 麻姑之閱劫多, 以三見蓬海淺也. 余老矣, 三見人家之
盛衰者多, 何異於閱劫之仙婆耶? 大抵皆是木偶人之漂,
而溝中瘠者, 反其幸也.

성대중, 《청성잡기》, 〈성언〉

오십 대에 어느 정도 안정을 얻은 사람들은 돈이건 명예건
지식이건 자신이 갖춘 것을 생각하고 우쭐해하는 마음이 들
수도 있습니다. 그러나 그러한 삶의 태도는 환란을 자초할
수 있습니다. "터럭만 한 차이가 천리千里로 벌어진다"라는 말
이 있습니다. 어떤 일이 잘못되어가고 있는데도 흘러가는 대
로 그대로 둔다면 나중에는 손쓸 수 없는 상태에 이르게 됨
을 강조한 말입니다. 권력에 맛을 들여 헤어나지 못하게 되
는 것도 이와 같습니다. 자기도 모르게 조금씩 권력에 취해
있다가 어느 순간 정신을 차리고 보면 중요한 것을 다 놓치
고 초라한 모습만 남아 있을지도 모릅니다.

조선 후기 학자 성대중成大中(1732~1809)의 《청성잡기靑
城雜記》에 실린 〈성언醒言〉을 보면, 권세를 좇는 것이 얼마나 허

망한지를 알 수 있습니다. 성대중은 권세를 가지고 있을 때는 떵떵거리지만 권세를 잃고 나면 갈 자리를 잃어 떠돌이 신세가 되고 마는 것을 나무 인형에 비유하였습니다.

마고 선녀는 억겁의 세월 속에서 바닷물이 줄어드는 것을 세 번이나 보았다고 하는데, 저자는 마고 선녀 정도는 아니어도 한평생 살면서 누군가의 흥망성쇠를 지켜보았습니다. 그리고 시간 속에는 거역할 수 없는 변화의 흐름이 있다는 것을 체득하였습니다. 막을 수 없는 변화 속에서 좋은 것도 영원할 수 없다는 것과 좋은 상황이 지나간 뒤에는 오히려 옛날 모습으로도 돌아갈 수 없는 딱한 처지가 되고 만다는 것을 잘 알고 있습니다.

《논어》〈양화陽貨〉에, 공자가 비루한 사람은 부귀를 얻기 전에는 얻지 못할까 걱정하고 얻고 난 뒤에는 잃을까 걱정하여 못 하는 짓이 없게 되므로 함께 임금을 섬길 수 없다고 한 내용이 있습니다. 이와 같이 부귀에 연연한 사람이라면 돈이건 명예건 지식이건 어느 정도 성공 경험이 있게 되면 그것이 대단한 것인 양 착각하고 우쭐대는 마음을 갖습니다. 내가 이룬 무언가가 내가 되는 것이 아닌데도, 내세울 무언가를 자기로 착각하고 목에 힘을 주고 살고, 세상을 자기 손아귀에 넣은 줄 알고 해서는 안 되는 일을 겁 없이 하기도 합니다. 그러다 처지가 바뀌면 어쩔 줄 몰라 합니다. 그렇게 되면 애초에 험한 곳에서 곤궁하게 지낸 것보다도 못한 신세가 됩니다.

작가가 말하는 흙은 자신의 참모습을 상징할 수도 있습니다. 그 무엇도 빼앗을 수 없는 나의 본질적인 모습을 지키고, 그 바탕 위에서 변화를 수용할 수 있다면 잃을 것이 없기에 두려움도 없을 것입니다. 애초에 떠난 적이 없기에 어떤 상황이 닥치든 나답게 편안한 삶을 살 수 있습니다. 반면에 남들을 의식해 많은 치장을 하고 그것이 나를 지켜줄 거라고 믿는다면, 그것을 잃었을 때 자신의 존재도 크게 휘청일 수밖에 없습니다.

처지가 바뀌었을 때 돌아갈 곳도 없는 나무 인형처럼 살고 있는 것은 아닌지 돌아볼 일입니다.

어눌하고, 서툴고,
둔하고, 촌스럽게

서툴지언정 기교를 부리지 말고,

어눌할지언정 재빨리 받아치지 말고,

촌스러울지언정 지나치게 꾸미지 말고,

노둔할지언정 날카롭게 굴지 말아야 한다.

그러므로 천하에 나보다 더 서툰 사람이 없더라도

항상 스스로 기교에 물들지 않을까 근심하고,

천하에 나보다 더 어눌한 사람이 없더라도

항상 스스로 재빨리 받아치지 않았나 근심하고,

천하에 나보다 더 촌스러운 사람이 없더라도

항상 스스로 꾸민 일은 없었나 근심하고,

천하에 나보다 더 노둔한 사람이 없더라도

항상 스스로 날카로운 면은 없었는지를 근심한다.

누군가가 나에게

어눌하고, 서툴고, 둔하고, 촌스럽다고 하면

기쁨을 이루 다 말할 수 없다.

寧拙毋巧, 寧訥毋捷, 寧野毋史, 寧魯毋銳. 故天下之拙者,

無在吾上, 而恒自患其或染於巧 ; 天下之訥者, 無在吾上,

而恒自患其或近於捷 ; 天下之野者, 無在吾上, 而恒自患

其或類於史 ; 天下之魯者, 無在吾上, 而恒自患其或入於

銳, 人有嗤之以訥、拙、魯、野, 則喜不可言.

윤기, 《무명자집》, 〈서벽자경〉

사람이 어느 정도 자기 확신이 생기고 나면 새로운 지식이나 상황 앞에서 눈이 반짝거리기보다는 자기 생각을 지키려 하고 새로운 생각을 밀쳐내는 경향을 보이기도 합니다. "아, 그래?"라는 말보다 "그건 아니지"라는 말로 상대의 말문을 닫아버리기 쉽습니다. 책임 있는 자리에서 전체 의견을 조율하여 균형감을 갖춘 의견을 내야 하는데도, 소통해야 하는 의무를 저버리고 자기가 가진 지위로 자기 의견을 관철시키려고 할 위험이 있습니다. 그렇게 되면 좋은 방향으로 일을 원

만하게 처리하기 어려워집니다.

조선 후기 학자 윤기尹愭(1741~1826)의 《무명자집無名子集》에 실린, 〈서벽자경書壁自警〉은 스스로 경계하기 위해 벽에 써 둔 글이라는 뜻입니다. 이 글에서는 기교 부리고, 재빨리 받아치고, 지나치게 꾸미고, 날카롭게 구는 것을 경계하였습니다. 그렇게 되느니 차라리 서툴고, 어눌하고, 촌스럽고, 노둔한 쪽이 낫다고 말합니다. 요즘 세상에서 부추기는 '이미지 메이킹'과는 상당히 거리가 있습니다.

요즘 사회가 원하는 인재상은 무엇일까요? 아무래도 서툰 쪽보다는 기교를 부리는 쪽이, 어눌한 쪽보다는 바로 받아치는 쪽이, 촌스러운 것보다는 꾸미는 쪽이, 노둔한 것보다는 날카로운 쪽이 더 인정을 받는 것 같습니다. 그렇다 보니 어떻게 하면 기교를 부릴까, 바로 받아칠까, 잘 꾸밀까, 날카롭게 보일까를 생각합니다.

그러나 옛사람들이 사람을 보는 기준은 이와 반대였습니다. 《논어》〈이인里仁〉에도 "군자는 말은 어눌하게 하고 실행은 민첩하게 하려 한다"라는 말이 있습니다. 환란이 잘나고, 재빠르고, 꾸미고, 날카로워 보이는 지점에 들이닥치는 것을 보면, 내가 드러나 보이려 한 일이 오히려 화를 자초하는 것일 수도 있습니다. 내면에 빛을 감추고 남들이 부러워하는 자리에 서지 않는 것이 내 마음을 온전히 지키기에 딱 좋은 자리임을 알 수 있습니다. 그러니 남들이 나를 보고 어눌하고, 서툴고, 둔하고, 촌스럽다고 하면 기뻐할 일입니다. 어눌하고, 서툴고, 둔하고, 촌스럽더라도 모서리가 닳아 둥글어진 사람이 울퉁불퉁한 세상길에서 더 잘 굴러갈지도 모를 일입니다.

구름 그림자처럼 무심해지고
달빛처럼 떳떳해지라

물 한 바가지, 밥 한 그릇이라도
절대로 한 일 없이 먹지 말라.
밥 한 그릇 얻었으면 조금의 힘을 보태는 것이
의에 맞음을 알아야 한다.
일시적인 걱정은 생각지 말고
순임금처럼 되지 못할까를 평생의 근심으로 삼으며,
병 들지 않은 여윈 몸으로
뜻을 바꾸지 않는 즐거움을 누린다.
염치를 차리는 선비의 기풍을 숭상하고,
속이고 숨기는 속세의 세태를 미워하며,
남들이 칭찬한다 해서 기뻐하지 말고,
남들이 헐뜯는다 해서 노하지 말라.

화평하게 이치를 따르고

여유로이 마음으로 체득하라.

산봉우리를 벗어나는 구름 그림자처럼 무심해지고

하늘에 걸린 달빛처럼 떳떳해지라.

움직일 때나 고요히 있을 때나

말할 때나 침묵할 때나 육신을 잊어

복희씨伏羲氏* 시대의 순박함을 되찾고,

옛 성인의 행동과 법도를 상상하며

요순堯舜과 삼대三代**의 법을 따르라.

그대, 보고 살피며 북쪽 벽에서 무언가 느끼기를.

水一瓢, 食一簞, 切勿素餐; 受一飯, 使一力, 須知義適.

無一朝之患, 而憂終身之憂; 有不病之癃, 而樂不改之樂.

敦尚士風廉恥, 輕厭俗態詐慝.

勿喜矜譽, 勿嗔毁辱.

怡然順理, 悠然有得.

無心出岫之雲影, 不阿懸空之月色.

* 　중국 고대 신화의 제왕. 삼황三皇의 한 사람으로 팔
　　괘를 처음으로 만들고 그물을 발명하여 고기잡이
　　를 가르쳤다고 한다.
** 　중국 하나라, 은나라, 주나라를 말한다.

動靜語默忘形骸, 羲皇上世之淳朴.

容止軌則存想像, 唐虞三代之典則.

冀子觀省, 感於北壁.

김시습, 《매월당집》, 〈북명〉

사는 것은 쉽지 않습니다. 어떤 일이 생길지 예측할 수 없기 때문입니다. 어떤 일이 일어날지 미리 알 수 없기 때문에 늘 자기 중심을 잘 잡고 변화에 대처할 수 있어야 합니다. 사람들은 사는 것이 쉽지 않음을 알기 때문에 자신이 아끼는 사람들이 변화하는 세상에서 잘 살아가기를 바라는 마음으로 도움이 될 말들을 남기곤 합니다.

김시습金時習(1435~1493)의 《매월당집梅月堂集》에 실린 〈북명北銘〉도 누군가에게 북쪽 벽에 걸어두고 명심하라며 써 준 글입니다. 여기에서는 무위도식無爲徒食하지 말고, 성인이 되려는 큰 뜻을 세우고, 염치를 차리고, 속세에 물들지 말고, 남의 말에 휘둘리지 말 것을 주문합니다. 그리고 무심하고, 떳떳하고, 순박하고, 법도에 맞게 자기 삶의 주인으로 살아갈 것을 당부합니다. 세상에서 중심을 잡고 살기 위해서는 자신에 대한 믿음이 있어야 하는데, 자신에 대한 믿음을 갖기 위해서는 결국 성실하고, 소박하게 살아야 함을 알 수 있습니다. 옛사람들은 소박하게 사는 것을 중요하게 생각했는데, 이는 소박하게 사는 것이 마음을 겸허하게 유지하고, 외부의 변화에 흔들리지 않을 수 있는 조건이 되어서가 아닌가 싶습니다.

《논어》〈옹야雍也〉에도 공자가 제자 안회顔回에게 한 말이 있는데, "어질구나, 안회여. 한 그릇의 밥과 한 표주박의 물을 마시며 누추한 마을에서 지내자면 사람들은 그 근심을 감당하지 못한다. 그런데 안회는 도를 즐기는 마음을 바꾸지 않으니, 어질도다, 안회여"라고 하였습니다. 가난하게 살면서 도를 즐기는 마음을 바꾸지 않은 것을 칭찬한 말입니다.

나이 든 사람이 내가 소중하게 생각하는 상대를 위해 글을 써 줄 때에는 자신이 살아오면서 느낀 가장 중요한 가치를 담기 마련입니다. 공자와 김시습은 앞으로 살아갈 날이 창창한 후배들에게 속세에 물들지 말고 도를 즐기는 마음을 간직하라고 당부하였습니다. 오늘날의 어른들은 젊은 세대에게 무슨 말을 당부하고 있을까요?

중도를 벗어나지
않는 것이 중요하다

"공자께서 '지나침은 미치지 못하는 것과 같다'고 하셨는데, 그렇다면 지나침과 미치지 못함은 결국 우열이 없는 것입니까?" 하고 묻자, 선생께서 답하셨다.

"지나친 것이나 미치지 못하는 것이나 중도를 벗어나기는 마찬가지이다. 만약 중도에 나아가 그 우열을 가리고자 한다면 경우 경우가 다 다르다."

"그것에 대해 더 알려주실 수 있으신지요?" 하자, 말씀하셨다.

"중도에서 가깝게 지나친 것이라면 어찌 중도에서 멀리 모자라는 것보다 낫지 않겠는가? 가깝게 모자란 것이라면 어찌 중도에서 멀리 지나친 것보다 낫지 않겠는가? 가까운 것에는 분촌分寸 정도 가까운 것도 있고, 심장尋丈 정도 가까운 것도 있으며, 먼 것에는 십 리, 백 리 정도 먼 것도 있고 천 리, 만 리 정도 먼 것도 있다. 그러므로 경우 경우가 다 다르다고 한 것이다."

問:"孔子曰:'過猶不及.' 然則過與不及, 遂無優劣歟?" 先生曰:"過不及失中則均焉. 若就其中, 必欲分其優劣, 則有萬不齊." 曰:"可得聞歟?" 曰:"過中而近者, 豈不愈於不及之遠者乎? 不及而近者, 豈不愈於過中之遠者乎? 近有分寸之近, 有尋丈之近; 遠有十里百里之遠, 有千里萬里之遠. 故謂有萬不齊也."

이항로, 《화서집》, 〈어록〉

무슨 일을 적절하게 하는 것이 얼마나 어려운 일인지를 항상 느낍니다. 상황과 관계에 맞는 적절한 행동을 순간순간 자연스럽게 할 수 있다면 완성된 삶이 아닐까 싶으나, 늘 새로운 상황과 관계 속에서 최선의 답을 얻기는 힘듭니다.

조선 후기 학자 김평묵金平默(1819~1898)과 스승 이항로李恒老(1792~1868)가 이 '과유불급'에 대해 묻고 답한 내용이 《화서집華西集》〈어록語錄〉에 실려 있는데, 이항로 선생은 지나친 것과 부족한 것은 그 성격만으로 우열을 매길 수 없다고 보았습니다.

이항로 선생의 말은 《논어》 〈선진先進〉에 나오는 지나침은 미치지 못함과 같다는 '과유불급過猶不及'이라는 말을 가져온 것입니다. 자공子貢이 "사師, 자장와 상商, 자하 가운데 누가 낫습니까?" 하자, 공자께서 "사는 지나치고 상은 미치지 못한다"라고 대답합니다. 자공이 "그러면 사가 낫습니까?" 하자, 공자께서 '지나침은 미치지 못함과 같다'고 말합니다. 무슨 일이든 최선의 선택이 아니라면 부족하든 넘치든 적절하지 않은 것은 마찬가지입니다. 따라서 지나친 것과 부족한 것을 놓고 우열을 매길 수는 없습니다. 이항로 선생의 답처럼 최상의 상태라 할 수 있는 중中을 기준으로, 그곳과의 거리가 멀어지면 상대적으로 더 못한 것이 되는 것입니다. 그런데 그 중은 양 끝의 한가운데가 아닙니다. 모든 상황에서 변수를 고려한 최상의 상태를 찾는 것이다 보니, 그 중을 잡기란 참으로 어렵습니다.

《중용장구》에, "천하와 국가를 고르게 다스릴 수도 있으며, 작위와 봉록을 사양할 수도 있으며, 흰 칼날을 밟을 수도 있지만, 중용의 도는 행할 수가 없다"라는 말이 나옵니다. 중용이 국가를 다스리고, 벼슬을 사양하고, 칼날을 밟는 것과는 비교도 안 될 만큼 어려운 것임을 알 수 있습니다.

그러니 내가 선 지금 이 자리에서 상황과 관계에 맞는

가장 옳은 선택을 내리기 위해 최선을 다하려 노력할 뿐입니다. 하루하루 내가 선 지금 이 자리에서 상황과 관계에 맞는 최선의 선택을 내릴 수만 있다면, 그것은 칼날을 밟는 것보다도 어려운 일을 해낸 것입니다.

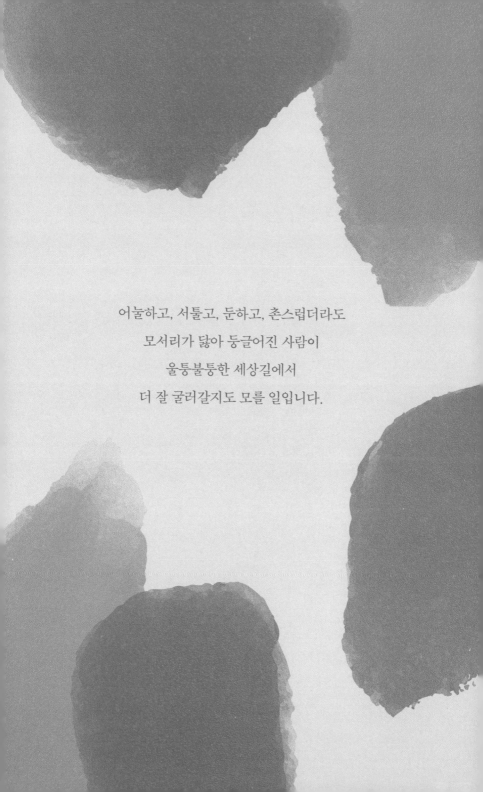

어눌하고, 서툴고, 둔하고, 촌스럽더라도
모서리가 닳아 둥글어진 사람이
울퉁불퉁한 세상길에서
더 잘 굴러갈지도 모를 일입니다.

기울어진 삶의 중심축을 다시 세우는 동양 고전의 말들

자기 마음의 주인으로 살고 있는가

1판 1쇄 발행 2025년 2월 25일

지은이   하승현
기획편집   하선정 김은영
마케팅   이운섭
디자인   맨드라미

펴낸곳   생각지도
출판등록   제2015-000165호
전화   02-547-7425
팩스   0505-333-7425
이메일   thmap@naver.com
블로그   blog.naver.com/thmap
인스타그램   @thmap_books

ISBN   979-11-87875-45-1 (03150)